사랑 예찬

Éloge de l'amour
by ALAIN BADIOU, NICOLAS TRUONG

Copyright ⓒ Editions du Flammarion. Paris, 2009
Korean Translation Copyright ⓒ Ghil Publisher, 2010
All rights reserved.

This Korean edition was published by arrangement with
Editions du Flammarion(Paris)
through Bestun Korea Agency Co., Seoul

이 책의 한국어 판 저작권은 베스툰 코리아 에이전시를 통해
저작권자와 독점 계약한 도서출판 길에 있습니다.
저작권법에 의해 한국 내에서 보호를 받는 저작물이므로
무단 전재 및 무단 복제를 금합니다.

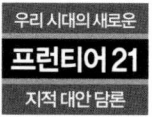

사랑 예찬

알랭 바디우 지음(대담: 니콜라 트뤼옹) · 조재룡 옮김

지은이 **알랭 바디우**(Alain Badiou)는 1937년 모로코의 라바(Rabat)에서 태어났다. 그의 아버지는 레지스탕스 활동을 한 사회주의자였고, 제2차 세계대전 이후 툴루즈 시장을 지내기도 했다. 바디우는 프랑스 파리고등사범학교 출신으로 젊은 시절에는 사르트르주의자였고, 이후 알튀세르의 작업에 참여하여 1968년 과학자를 위한 철학 강의에서 '모델의 개념'이라는 제목으로 강연을 하기도 했다. 그러다 68년 5월 혁명 이후 확고한 마오주의 노선을 취하며 알튀세르와 결별했고, 1970년대 내내 마오주의 운동에 투신했다. 하지만 이후 프랑스에서 마오주의 운동이 쇠락하자 다른 정치적·철학적 대안을 찾고자 노력한다. 1988년 『존재와 사건』을 출판하여 철학의 새로운 가능성을 타진하고, 그 틀 안에서 새로운 정치적 전망을 연 그는, 이후 『철학을 위한 선언』, 『수와 수들』, 『조건들』, 『윤리학』, 『사도 바울』, 『세기』, 『세계의 논리』 등을 속속 발표하며 새로운 '진리철학'을 확립했다. 뿐만 아니라 2000년 이후 중요한 정치적 사안에 개입하여 신자유주의 정치를 신랄하게 비판하는 한편, '당 없는 정치'를 주창하며 의회민주주의에 대한 가장 근본적인 비판을 수행하고 있다. 이러한 정치적 개입은 『정황들』, 연작 등에서 확인할 수 있다. 파리8대학 교수로 재직했고, 1999년부터 파리고등사범학교 교수로 활동했으며, 2002년에는 고등사범학교 부설 프랑스현대철학연구소를 창설했다. 현재는 미국과 영국 등지에서 활발한 강연 활동을 하고 있으며 프랑스현대철학연구소의 소장 직을 맡고 있다. 또한 실뱅 라자뤼스, 나타샤 미셸 등과 함께 1985년 설립한 '정치 조직'(L'Organisation politique)에서 '당 없는 정치'라는 슬로건으로 꾸준히 정치 활동을 펴고 있다.

옮긴이 **조재룡**(趙在龍)은 1967년 서울에서 태어나 성균관대 불어불문학과를 졸업하고 2002년 프랑스 파리8대학에서 박사학위를 받았다. 서울대 한국문화연구소 및 성균관대 인문과학연구소 전임연구원을 거쳐, 현재 고려대 불어불문학과 교수로 있다. 2003년 『비평』지에 문학평론을 발표하면서 문학비평가로도 활동 중이며, 시학과 번역학, 프랑스와 한국 문학에 관한 다수의 논문과 평론을 집필하였다. 저서로 『베네치아의 기억』(공저, 한길사, 2003), 『앙리 메쇼닉과 현대비평: 시학·번역·주체』(도서출판 길, 2007), 『번역의 유령들』(문학과지성사, 2011), 『시는 주사위 놀이를 하지 않는다』(문학동네, 2014), 『번역하는 문장들』(문학과지성사, 2015), 『한 줌의 시』(문학과지성사, 2016)가 있고, 역서로는 『시학을 위하여 1』(새물결, 2004), 『시학입문』(동문선, 2005), 『천일야화: 집꾼과 세 여인』(마로니에북스, 2006), 『행복의 역사』(열린터, 2007), 『모네: 빛으로 그린 찰나의 세상』(마로니에북스, 2007), 『세잔: 색채로 드러낸 불변의 진실』(마로니에북스, 2007), 『앙리 메쇼닉, 리듬의 시학을 위하여』(인간사랑, 2007), 『달리의 연인, 갈라』(마로니에북스, 2008), 『스테파니의 비밀노트』(고려대학교출판부, 2010), 『잠자는 남자』(문학동네, 2013), 『사형을 언도받은 자/외줄타기 곡예사』(워크룸프레스, 2015) 등이 있다.

사랑 예찬

2010년 11월 30일 제1판 제1쇄 펴냄
2011년 8월 31일 제1판 제2쇄 펴냄
2013년 5월 31일 제1판 제3쇄 펴냄
2014년 4월 10일 제1판 제4쇄 펴냄
2015년 7월 10일 제1판 제5쇄 펴냄
2016년 12월 31일 제1판 제6쇄 펴냄
2019년 10월 15일 제1판 제7쇄 펴냄
2023년 3월 31일 제1판 제8쇄 펴냄

2024년 4월 10일 제1판 제9쇄 찍음
2024년 4월 20일 제1판 제9쇄 펴냄

지은이 | 알랭 바디우(대담: 니콜라 트뤼옹)
옮긴이 | 조재룡
펴낸이 | 박우정

기획 | 이승우 편집 | 김미경

펴낸곳 | 도서출판 길
주소 | 06032 서울 강남구 도산대로 25길 16 우리빌딩 201호
전화 | 02)595-3153 팩스 | 02)595-3165
등록 | 1997년 6월 17일 제113호

한국어판 ⓒ 도서출판 길, 2010. Printed in Seoul, Korea
ISBN 978-89-6445-021-5 03100

"사랑은 재발명되어야만 한다, 우리가 익히 알고 있듯이."
—아르튀르 랭보, 『지옥에서 보낸 한 철』, 「착란 I」

| 소개의 말 |

　수많은 삶의 정황 속에서 여타의 사람들과 철학자가 전혀 구분이 되지 않는다 해도, 중요한 사실은 철학자가 이 수많은 삶의 정황을 기억한다는 데 놓여 있다. 아니, 철학자가 이걸 잊고 있더라도, 전통 연극, 특히 희극은, 때로는 가차 없이 철학자에게 이런 사실을 상기시켜줄 것이다. 철학자의 온갖 금욕적 지혜나 철학자들이 열정을 대상으로 논증해낸 온갖 불신이 완전히 허물어지는 것을 우리는 사랑에 빠진 철학자의 모습만큼이나 무대 위의 아주 전형적인 등장인물에서도 목도하게 되는데, 이는 눈부시게 아름다운 한 여인이 거실에 등장하는 바로 그 순간, 이 여인에게 그가 한눈에 반해버리기 십상이기 때문이다.
　사유에서 그리고 마찬가지로 삶에서도 나는 꽤 오랜 시간을 앞질러 달려왔다. 철학자(이 단어가 중성으로 이해되는바, 여기서는 당연히 여성 철학자도 지칭한다)란 정통한 과학자이자 시(詩)의 애호가이며 정치적 투사임에 분명하지만, 다른 한편으로 사랑의 격렬하고도 예기치 못한 사건들과 사유가 결코 분리될 수 없다는 사실을 그가 받아들여야만 한다고 나는 주장한 바 있다. 철학이 제 주제와 관련되어 요구할 역할이란 대개 학자·예술가·투사 그리고 연인이다. 나는 이것을 철학의 4대 조건이라고 일컬은 바 있다.

아비뇽 페스티벌에서 '사유들의 연극' 시리즈*를 기획하고 있던 니콜라 트뤼옹(Nicolas Truong) 선생이 그 일환으로 사랑에 관한 공개 대담을 내게 제안해왔을 때, 즉각 수락 의사를 밝힌 것은 바로 이와 같은 이유 때문이었다. 연극·관객·대화·사랑·철학이 혼재되어 있는 이 대담에는 사람을 흠뻑 도취시키는 무언가가 있었다. 게다가 대담은 2008년 7월 14일**에 이루어졌고, 나는 사랑이라는, 즉 범세계적이고 몹시도 수상쩍으며 성적으로도 구분되고 국경과 사회적 지위를 초월하는 이 힘이, 군대와 민족과 국가를 제쳐놓고서 이 자리에서 성찬되었다는 사실에 몹시 기뻐하고 있었다.

---

* 프랑스의 연출가 앙투안 비테즈의 작품 이름에서 연유하였다. 그 뒤 아비뇽 연극 페스티벌에서 철학자·사회학자·역사학자들이 참여하여 관객들을 대상으로 연극 무대에서 진행되는 대담 형식의 프로그램으로 기획된다. 2004년에 자크 데리다(Jacques Derrida)를 시작으로 장-뤼크 낭시(Jean-Luc Nancy), 미셸 옹프레(Michel Onfray), 에두아르 글리상(Edouard Glissant)이 대담을 한 바 있으며, 대담 내용을 묶어 플라마리옹 출판사에서 책으로 출간하기도 하였다. *Le Théâtre des idées*, Flammarion, 2008 참조.
** 7월 14일은 프랑스대혁명 기념일이며, 프랑스에서 가장 중시하는 국경일이기도 하여 프랑스 전역에서 밤새 축제가 벌어진다.

예서 조금 허세를 부려보도록 하자. 질의자 니콜라 선생, 그리고 사랑에 빠진 철학자라는 좀 모호한 역할을 맡은 나, 이렇게 두 사람은 당시 컨디션이 좋은 상태였으며, 이 좋은 상태가 대담의 성공으로 이어졌다. 아니, 주저하지 말고 좀 더 과감하게 말해보자. 이 대담은 한마디로 괄목할 만한 성공을 거두었다.

이 대담과 관련되어 플라마리옹(Flammarion) 출판사는 대중의 반향을 염두에 둔 출간을 기획했는데, 그 첫 번째가 대담을 녹음한 CD였고, 그다음이 책이었다. 독자들이 읽게 될 이 텍스트는 이날의 대담을 다시 편집한 것이다. 텍스트에는 대담이 이루어질 당시의 즉흥적인 리듬과 명확성 그리고 그날의 격정이 고스란히 담겨 있지만, 한편 당시의 대담보다 더 온전하고 심도 있게 구성되었다. 지금 인용하는 플라톤(Platon)의 말처럼 "사랑에서 시작하지 않는 자는 철학이 무엇인지 결코 깨닫지 못할 것이다"라고 생각하는 한 철학자에 의해 제안된 '사랑 예찬'이라는 책 제목이 말하고자 하는 바가 바로 이 텍스트의 처음부터 그 끝까지를 모두 아우르고 있다는 사실을 나는 조금도 믿어 의심치 않는다. 여기서 철학자이자 물론 연인이기도 하며, 또한 매우 신중한 질의자 니콜라 선생의 쇄도하는 물음들을 지지하고 되받아낸 사람은 바로 연인―철학자 알랭 바디우(Alain Badiou)이다.

차례

소개의 말   7

1 위협받는 사랑   13
2 철학자들과 사랑   21
3 사랑의 구축   37
4 사랑의 진리   49
5 사랑과 정치   63
6 사랑과 예술   85
7 결론   103

인용된 작품들   115
옮긴이의 말   117
해제: 바디우의 철학과 오늘날의 사랑   137

1

위협받는 사랑

항간에 화제가 된 바 있는 저서 『사르코지는 무엇에 대한 이름인가?』(*De quoi Sarkozy est-il le nom?*, 2007)에서 선생님께서는 "사랑이 늘 다시 발명되어야 하지만, 이와 동시에, 사방에서 위협받고 있기에 보호되기도 해야 한다"고 말씀하신 바 있습니다. 그렇다면 사랑은 무엇으로부터 위협받고 있다는 것인지요? 선생님께서 지인의 소개로 성사되곤 하던 과거의 결혼 풍습이 오늘날 그저 제 낡아빠진 옷을 새것으로 갈아입은 채 고스란히 반복되고 있다고 말씀하신 건 어떤 의미에서입니까? 제 생각에는 인터넷상의 한 미팅 사이트에 실린 최근의 광고 하나가 특히 선생님을 사로잡은 것으로 보이는데 말입니다.

그렇습니다. 한때 파리는 '미틱'(Meetic)이라는 만남 알선 사이트의 광고 포스터로 완전히 도배된 적이 있습니다. 광고의 표제들이 저에게 무언가 깊은 반향을 불러일으킨 것도 사실입니다. 심지어 지금도 광고 회사의 슬로건 몇 개를 인용할 수 있을 정도입니다. 첫 번째 슬로건─연극의 인용문을 살짝 바꾼 것*에 다름 아닌데─은 "위험 없는 사랑을 당신에게!"입니다. 아니, 이런 것도 있습니다. "사랑에 빠지지 않고서도 우리는 사랑할 수 있다!" 따라서 결국 좌절 따위는 없다, 뭐 이런 말이 아닐까 합니다. 그다음으로 "고통받지 않고서도 당신은 완벽하게 사랑에 빠질 수 있습니다!"라는 슬로건도 있습니다. 놀랍게도 '사랑 코칭'─정말이지 단박에 저의 주목을 끌었던 표현이기도 합니다─을 제안하는 일이 바로 이 미팅 사이트, 즉 '미틱' 덕분에 가능해진다는 것이지요. 이 슬로건에 따른다면, 앞으로 겪게 될 고난과 맞닥뜨리더라도 헤쳐나갈 방법을 마련해줄 코치도 갖게 된다는 것입니다.

저는 이 프로파간다가 "사랑"의 '안전한 개념'을 부각시키고 있다고 생각합니다. 이 개념은 모든 위험에 미리 대비하는 '사랑-보험'과도 같은 셈입니다. 다시 말해, 선생님께서는 사랑을 소유하게 되지만, 그

---

* 총 3막으로 구성된 마리보(Pierre Carlet de Chamblain de Marivaux)의 연극 『사랑과 우연의 놀이』(*Le jeu de l'amour et du hasard*)에 나오는 대사에서 패러디한 것이다. 이 작품은 1730년 1월 23일 부르고뉴의 한 호텔에서 이탈리아 배우들과 함께 초연되었다. 여성의 미묘한 연애심리를 드러낸 것으로 평가받는 이 작품은 『사랑의 기습』(1722), 『거짓 고백』(1737)과 더불어 마리보의 대표작으로 꼽힌다. 연극 작품에서 선보인 마리보의 우아하고 세련된 문체를 일컬어 '마리보다주'(marivaudage)라고 칭한다.

와 동시에 앞으로 도모할 일을 앞서 계산할 것이며, 인터넷상에서 자판을 두드리면서 선생님의 파트너를 미리 또 훌륭히 선별할 수 있게 되리라는 말입니다. 물론 파트너의 사진이나 그의 세세한 취향, 그의 생일이나 별자리 같은 정보들과 함께 말입니다. 이 엄청난 정보의 조합을 통해서 선생님은 이렇게 말하게 될 거라고 합니다. "아! 이렇게 하면, 그 어떤 위험부담도 없는 사랑도 가능하겠구나!"라고 말입니다. 이것이야말로 하나의 프로파간다이며, 광고가 바로 이런 어법을 토대로 만들어졌다는 사실은 또한 매우 흥미롭기도 합니다.

그런데 누구나가 갖고 있는 공통된 취향이 사랑이며, 사랑이 거의 모든 사람에게서 저들의 삶에 그 밀도와 의미마저 부여하는 것이라고 확신하고 있는 제 입장에서 볼 때, 위험이 부재하는 체제에서 존재에 부여하는 이런 '증여'는 결코 사랑이 될 수는 없다는 것입니다. 이런 사랑은 언젠가 미군이 "전사자 제로" 전쟁을 홍보하기 위해 만들었던 그 프로파간다와 상당히 닮은 것처럼 보입니다.

선생님 견해에 따르자면 그 존재의 방식이 동일하다는 점에서 "전사자 제로" 전쟁과 "위험 제로"의 사랑이 서로 유사성을 지니고 있다는 것이지요? 마찬가지로 사회학자 리처드 세넷(Richard Sennet)과 지그문트 바우만(Zygmunt Bauman)에게서, 금융자본주의의 신봉자가 불안정한 상황의 노동자에게 통고하는 "나는 당신을 고용하지 않겠다"라는 말, 그리고 소비지상주의자와 안락한 자유사상가에게 유리하도록 사람들의 유대관계가 형성되고 또 해체되는 그러한 세계에 동떨어져 있는 "애인"이 자신의 여성 또는 남성 파트너에게 말하는 "나는 약속하지 않겠다"라는 말, 이 둘 사이에 유사성이 존재한다고 보시는 것이고요?

이 둘은 상당 부분 동일한 세계에 속할 겁니다. "전사자 제로" 전쟁이나, 우연도 만남도 존재하지 않는 "위험 제로" 사랑에서, 저는 보편적인 프로파간다의 그 수단들과 더불어 안전한 위협이라고 할, 사랑에 드리워진 첫 번째 위협을 봅니다. 어찌되었든, 이런 것들은 정략결혼과도 꽤나 동떨어져 있습니다. 이러한 사랑은 폭압적인 부모에 따른 가족 질서의 구축이라는 이름 아래 행해지는 것이 아니라, 모든 우연이나 모든 만남, 결국에는 실존적인 시(詩)마저 완전히 회피하고 마는, 사전에 도모된 조정에 충실한 개인의 안전망 속에서 그리고 위험의 부재라는 근본적인 범주 안에서 이루어지는 그런 사랑입니다.

사랑을 짓누르고 있는 두 번째 위협은 바로 사랑에서 모든 중요성을 박탈해버리는 것입니다. 이러한 '안전한 위협'은 사랑이 일반화된 쾌락주의의 작은 변화일 뿐이며, 쾌락의 이런저런 모습 가운데 한 변형일 뿐이라고 말하면서 제 논리의 근거를 찾아나섭니다. 여기서 문제는 이런 것들이 사랑으로 촘촘히 짜여진, 타자에게서 비롯되는 시련이나 심오하고 진실된 온갖 경험을 완전히 회피하려 한다는 데 놓여 있습니다. 그러나 위험이란, 그 어떤 경우에도 사라지지 않는 것입니다. 제국주의 군대의 프로파간다와 마찬가지로 미틱의 프로파간다는 위험이 오로지 타자들에게서만 발생할 것이라고 주장하고 있다는 점을 여기에 덧붙여야겠습니다. 현대적인 안전 규범들에 맞추어 사랑을 훌륭히 준비한 자들, 그런 사람들은 그들의 편의에 부합하지 않을 타인이라는 존재를 곧 포기하게 되겠지요. 이 경우, 타인이 고통을 받는다 해도 그것은 오로지 그 사람의 문제일 뿐일 테니까요. 그렇지 않겠습니까? 결국 그 타인이 현대성에 편승하지 못했을 뿐인 셈이니까요.

이러한 논리는 "전사자 제로"처럼 서구의 군인들에게도 고스란히 적용됩니다. 이 군인들이 퍼부어댄 포탄으로 수많은 인명이 살상당했는데도, 그저 포탄이 떨어질 곳에 살고 있던 사람들의 잘못일 뿐이라는 거지요. 바로 아프가니스탄이나 팔레스타인 등지의 사람들 말입니다. 이들도 역시 현대적인 것과는 거리가 멉니다. 안전을 주장하는 모든 규범과 마찬가지로 안전한 사랑이란 훌륭한 보험, 막강한 군대, 뛰어난 경찰, 개인적 쾌락에 완벽하게 부합하는 심리의 소유자들에게는 위험의 부재를 뜻하며, 반대로 이들의 바로 맞은편에는 온갖 위험에 노출된 사람이 버젓이 존재하는 것입니다. 길가에 뻥 뚫린 맨홀 구멍부터 지하철역의 경찰 심문에 이르기까지, 이 모든 것들이 "당신의 안녕과 안전을 위해" 도처에서 행해지고 있노라고 우리에게 지시한다는 사실을 선생님도 지적하셨습니다. 바로 여기서 우리는 예컨대, 보험 계약서의 안전과 제한된 쾌락이 가져다주는 안락이라는, 사랑의 두 가지 정적(政敵)을 발견하게 됩니다.

그렇다면 사랑에 대한 자유의지론적 개념과 자유주의적 개념, 이 양자 사이에 일종의 결합이 가능할까요?

저는 '자유주의적 개념'과 '자유의지론적 개념' 모두, 사랑이란 쓸데없는 위험에 불과하다는 생각을 향해 치닫고 있을 뿐이라고 생각합니다. 한편으로는 소비의 달콤함 속에서 속행될 일종의 준비된 부부의 속성(conjugalité)을, 다른 한편으로는 열정을 절약하면서 쾌락으로 채워진 즐거운 성적 타협을 우리가 소유할 수 있다는 논리로 귀결된다는 것이지요. 이러한 관점에서 볼 때, 작금의 이 세계에서 사랑은 이와 같은 압박과 포위망에 포획되었으며, 제가 사랑이 위협받고 있다고 생각하는 것도 바로 이 때문입니다. 다른 것들도 많겠지만, 개중에 사랑을 보호하는 것도 철학의 임무일 것입니다. 이 말은 시인 아르튀르 랭보(Arthur Rimbaud)가 지적했듯이, 사랑을 재발명해야만 한다는 사실을 전제합니다. 이것은 무언가를 단순히 보존하기 위해 방어적인 태도를 취한다는 것과는 매우 다른 것입니다. 세계는 사실 새로운 것들로 가득 차 있으며, 사랑도 마찬가지로 이러한 혁신 속에서 취해져야만 할 것입니다. 안전과 안락에 대항하여 위험과 모험을 다시 창안해야만 합니다.

2
철학자들과 사랑

선생님께서는 랭보의 "사랑은 재발명되어야 한다"는 표현뿐만 아니라 수많은 시인과 작가들도 인용하신 바 있습니다. 그러나 시인이나 작가들을 언급하기 이전에 먼저 철학자들부터 검토해야 할 필요가 있다고 생각합니다. 그런데 철학자들 중 극히 소수만이 사랑에 진지한 관심을 드리웠다는 사실에 선생님께서 상당히 충격을 받으셨다고요? 더구나 선생님께서는 철학자들의 관심을 사로잡았던 사랑 개념에 자주 상반된 견해를 제시하곤 하셨는데, 구체적으로 어떤 이유에서였습니까?

철학자들이 사랑과 맺고 있는 관계에 대한 물음은 사실상 매우 복잡합니다. 오드 랑슬랭(Aude Lancelin)과 마리 르모니에(Marie Lemonnier)의 공저 『철학자들과 사랑. 사랑하기, 소크라테스에서 시몬 드 보부아르에 이르기까지』(*Les Philosophes et l'amour. Aimer, de Socrate à Simone de Beauvoir*, 2008)에는 이러한 사실이 아주 잘 드러나 있습니다. 그 어떤 통속성도 지니지 않고, 또 그 무엇도 통속화하지 않으면서도 이 책은 철학자들의 삶을 조사하여 철학자들의 학설을 검토하는 작업에다 그것을 합쳐놓았기 때문에 무척이나 흥미롭습니다. 이러한 점에서는 이 책이 출간되기 이전에 이와 같은 주제를 다룬 연구는 실제로 없다고 봐도 무방할 겁니다. 이 책이 명확히 규명한 것은, 비록 중간자적인 관점들이 존재한다 해도, 사랑과 관련되어 철학은 대체로 두 가지 극단적인 입장 사이에서 망설이고 있다는 것입니다.

사랑과 관련된 첫 번째 극단적인 입장은 아르투르 쇼펜하우어(Arthur Schopenhauer)를 필두로 한 "반(反)사랑"의 철학입니다. 쇼펜하우어는 특히 여성들이 사랑의 열정을 품는 것을 절대 용납하지 말아야 한다고 강조하는데, 왜냐하면 이렇게 되어버리면, 하등의 가치가 없는 이 인간이라는 종자가 여성들을 통해서 존속 가능해질 것이라고 생각했기 때문입니다. 극단적인 입장 가운데 하나가 바로 이것입니다.

극단성을 드러내는 또 다른 관점은 사랑에서 주관적 경험의 최상의 단계들 가운데 하나를 고안해내는 철학자들인데, 아마 선생님도 잘 알고 계실 것입니다. 예를 들어 쇠렌 키르케고르(Søren Kierkegaard) 같은 철학자를 꼽을 수 있겠지요. 키르케고르는 세 가지 경험의 단계가 존재한다고 설명합니다. 심미적 단계에서 사랑의 경험은 헛된 유혹과 반복을 경험하는 것을 뜻합니다. 쾌락의 에고이즘과 이러한 에고이즘의 에고이즘은 주체들에 활력을 불어넣는데, 모차르트의 동 쥐앙이 바로 그 본보기입니다. 윤리적 단계에 이르러 사랑은 진정한 것으로 변하고, 자기 고유의 진지함을 시험하게 됩니다. 이 단계에서 사랑은 불변을 향하는 영원한 맹세가 되기도 하는데, 여기에는 키르케고르가 레기네 올센이라는 젊은 여인의 환심을 사기 위해 오랫동안 노력했던 경험이 자리하고 있습니다. 맹세의 절대적인 가치가 결혼이라는 의식을 통해 승인받게 되는 경우라야 윤리적 단계는 비로소 종교적 단계, 즉 최상의 단계로 이행할 수 있습니다.

이렇게 본다면, 결혼은 방랑하는 사랑의 위험에 대항하여 사회적 관계를 강화하는 것이 아니라, 신실한 사랑을 본래의 제 목적으로 향하게끔 돌려놓는 무엇처럼 인식되고 있음을 알 수 있습니다. "자아가 사랑 고유의 투명성을 거쳐서 자아를 상정한 그 힘 안으로 빠져들게 될 때", 사랑의 궁극적인 변모 가능성이 생겨나는 것입니다. 우리는 이 말을 이렇게 이해할 수 있을 것입니다. "사랑의 경험 덕분에 자아가 제 신성한 기원에 뿌리내리게 될 때"라고 말입니다. 이렇게 보면 사랑은, 유혹을 초월하여 그리고 결혼이라는 신실한 매개를 통하여, 인류의 이상에까지 다다를 수 있는 하나의 방법인 것입니다.

방금 살펴본 것처럼 철학은 따라서 엄청난 긴장 상태에 놓여 있습니다. 한쪽에는 성의 기상천외한 생리적 현상처럼 사랑을 힐끔거리는 일종의 합리적 의혹이 자리하며, 그 대척점에는 종교적 도약과도 상당히 유사한 사랑의 옹호가 놓여 있습니다. 어쨌거나 사랑의 종교라고도 할 기독교의 후광을 업고 말이지요. 이러한 긴장은 실상 유지되기가 몹시 어려운 것이라는 사실도 여기서 말해두어야 하겠습니다. 키르케고르 자신도 레기네와 결혼한다는 생각을 견뎌낼 수 없었기에 결국 그녀와 헤어지고 맙니다. 결과적으로 그는 첫 번째 단계의 심미적 유혹자, 두 번째 단계의 윤리적 약속 그리고 결혼의 실존적 신뢰를 거쳐 세 번째 단계로의 이행의 실패를 구현한 장본인이 되었습니다. 이 모든 경우를 통해 키르케고르는 사랑에 관한 철학적 성찰의 모든 모습을 경험한 것입니다.

선생님께서 이 문제에 특유의 관심을 쏟게 된 그 기원은 사랑에서 이데아로 접근할 수단 가운데 하나를 발견했던 플라톤의 선구자적 행동에 놓여 있지 않은가요?

플라톤이 사랑에 관해 말하고 있는 것은 충분히 구체적입니다. 그는 사랑의 도약 속에는 보편의 씨앗이 있다고 말합니다. 사랑의 경험은 플라톤이 이데아라고 부르게 될 무엇을 향한 일종의 도약입니다. 이렇게 해서, 심지어 내가 어떤 아름다운 몸을 보면서 그저 감탄하는 중이라 하더라도, 내가 원하든 그러지 않든, 나는 아름다움에 대해 사유하는 길로 접어들게 됩니다. 저는 여기서 이와 동일한 성격을 띤 어떤 것을 떠올리게 됩니다. 당연한 말이 되겠지만, 완전히 다른 용어로 말입니다. 말하자면 사랑에는 우연의 순전한 특이성에서 보편적 가치를 지니는 한 요소로의 이행을 가능하게 하는 경험이 존재한다는 것이지요.

자기 자신에게 환원된, 거의 아무것도 아닌, 기껏해야 단순한 만남 그 이상이 아닌, 이 출발점과도 같다고 할 어떤 것과 더불어서 우리는 단지 동일성만은 아닌, 차이에서 비롯된 세계를 경험할 수 있다는 사실을 알게 됩니다. 심지어 우리는 시련을 받아들일 수조차 있으며, 이를 위해 고통을 감내해낼 수도 있게 됩니다.

물론 오늘날에는 모든 사람들이 각자 자신의 이익만을 좇는다는 확신이 매우 널리 퍼져 있는 것도 사실입니다. 그러나 사랑은 이에 대한 하나의 반증(反證)일 것입니다. 서로의 이익만을 챙길 단순한 교환처럼 인식되지 않으며, 미리 수익성을 기대하고 진행되는 투자처럼 장기간 계산되는 것도 아니므로, 사랑은 진정 우연으로 인해 발생한 믿음이라고 할 수 있습니다. 사랑은 차이에 대한 근본적인 경험을 만들어내는 지점들, 예컨대 차이의 관점을 시험할 수 있을 것이라는 사유 안으로 우리를 데려갑니다. 플라톤은 이와 관련하여 최초의 직관을 갖고 있던 사람이었습니다. 사랑이 보편적인 영향력을 지니며, 실현 가능한 보편성의 개인적 경험이자 철학적으로 매우 근본적이라고 말할 이유도 바로 여기에 있습니다.

선생님께서 사랑에 관한 위대한 이론가들 중 한 명이라고 인정하신 바 있는 정신분석가 자크 라캉(Jacques Lacan)도 플라톤과의 대화에서 "성관계는 없다"는 주장을 지지했습니다. 라캉이 여기서 말하려는 바는 구체적으로 무엇인가요?

회의적이고 모럴리스트적인 개념에서 파생된 이 명제는 매우 흥미롭지만, 한편 상반된 결과로 귀결됩니다. 라캉은 섹슈얼리티에서 사실상 우리 각자는 상당 부분 자기 고유의 문제에만 결부되어 있다는 사실을 우리에게 상기시키고 있다고 감히 말씀드리겠습니다. 물론 타자의 몸이라는 매개가 존재하지만, 결국 쾌락이란 언제나 제 자신의 쾌락일 것입니다. 성적인 것은 결합하지 않으며, 분리할 따름입니다. 홀딱 벗었건 타인과 한 몸으로 들러붙어 있건 간에 그것은 하나의 이미지, 즉 상상적 표상에 불과합니다. 사실을 말하자면 쾌락이 당신을 타자에게서 멀리, 아주 멀리 떼어놓는다는 겁니다.

실재는 나르키소스적이며, 관계는 상상적입니다. 따라서 성관계는 없다, 라캉은 이렇게 결론짓습니다. 이 표현이 스캔들을 불러일으킨 것은 그 당시 모든 사람들이 바로 "성관계"에 대해 말하고 있었기 때문입니다. 만약 섹슈얼리티에서 성관계가 없다고 한다면, 사랑은 성관계의 결핍을 보충하러 도래하는 무엇이 됩니다. 라캉이 사랑은 성관계의 눈속임이라고 말한 것은 결코 아닙니다. 그는 단지 성관계라고 하는 것은 존재하지 않는다는 것, 그리고 사랑은 이러한 '비-관계'를 대신하여 도래하는 것이라고 말할 뿐입니다.

사실 이런 지적이 훨씬 흥미롭습니다. 이러한 사유는 라캉으로 하여

금 사랑에서 주체가 '타자의 존재'에 접근하려 시도한다고 말하게 해줍니다. 결국 주체가 제 자신을 넘어서게 되는 것, 나르시시즘을 넘어서게 되는 게 바로 사랑 안에서라는 것이지요. 섹스에서 당신은 타자라는 매개를 통해 결과적으로 당신 자신과 관계를 맺게 될 뿐입니다. 타자는 당신이 쾌락의 실재를 발견하는 데 이용될 뿐이라는 것이지요. 반대로 사랑 속의 타자라는 매개는 그 자체로 가치를 지니고 있습니다. 바로 이것이 사랑의 만남입니다. 다시 말해, 타자를 있는 그대로 당신과 함께 존재하게 하기 위해서 당신은 타자를 공략하러 간다는 것입니다. 이것은 사랑이 섹스의 실재에 관한 상상적 그림일 뿐이라는, 정말이지 진부할 뿐인 그런 개념보다 훨씬 더 심오한 개념적 접근에 해당됩니다.

사실 라캉도 사랑과 관련해서는 철학적 불명확함에 봉착해 있습니다. 예컨대 "성관계의 결핍을 보충하는" 사랑은 상이한 두 가지 방식으로 이해될 여지가 있다고 하겠습니다. 이 가운데 좀 더 진부한 첫 번째는 사랑이 섹슈얼리티의 공백을 상상적으로 메워주기 위해 도래한다는 것입니다. 어쨌거나 섹슈얼리티, 그 자체로 매우 멋진 섹슈얼리티는 그럴 수 있으며, 일종의 공허로 귀결된다는 것도 옳은 말입니다. 바로 이렇기 때문에 섹슈얼리티는 반복의 법칙 아래 놓이게 되는 것이겠지요. 예컨대, 계속 반복해서 되풀이되어야만 하는 것입니다. 매일매일 그리고 아직 젊을 때 말입니다! 따라서 사랑은, 무언가가 이 공백

안에 머물고 있으며 존재하지 않는 이 관계와는 다른 무언가에 의해 연인들이 서로 연결되어 있을 것이라는 사유를 동반하게 됩니다.

젊었을 때 저는 보부아르의 『제2의 성』(*Le Deuxième Sexe*)의 한 대목을 읽고서 거의 구역질을 느낄 정도로 큰 충격을 받은 적이 있습니다. 보부아르는 여성의 몸이 멋대가리 없고 축 늘어진 것을 성행위 뒤에 남성을 엄습한 감정으로 묘사하며, 이와 나란히, 곤추선 성기를 제외하고는 남성의 몸이 전반적으로 볼품없이 흉하며 게다가 약간 우스꽝스럽게 느끼는 것으로 여성의 감정을 그려내고 있습니다. 무대에서 익살극이나 라이트 코미디는 청승맞은 생각들을 지속적으로 사용해 우리를 웃게 만듭니다. 남성의 욕망은 바로 뚱뚱한 배, 성교 불능, 우스꽝스러운 남근의 욕망이며, 축 늘어진 유방에 이 빠진 늙은 여인은, 지금의 모든 아름다움이 곧 도래하게 될 실제 미래의 제 모습인 것입니다. 서로의 품에 안겨 잠들 때, 사랑의 부드러움은 불쾌감을 주는 이러한 고찰들 위에 덮어씌운 '노아의 외투'*가 될 것입니다.

---

* 창세기의 이야기를 기록한 이 그림에서 실재적 아버지는 아들 함이 나체로 보았던, 취해서 침대에 누워 잠든 아버지이다. 그 아들은 자기가 나체를 보고서 알게 된 것을 다른 형제들이 나누어 가지리라 생각했으며 또한 그러기를 원했다. 그러나 형제들은 아버지의 나체를 보지 않으려고 뒷걸음으로 다가와 아버지에게 외투를 덮어주었다. 노아는 나중에 잠이 깨어 이들에게 고마워하고 함을 저주한다. Philippe Julien, *Le Manteau de Noé: Essai Sur la Paternitéé*, Desclée de Brouwer, 1991 (한글 번역본: 필리프 쥘리앵, 『노아의 외투』, 홍준기 옮김, 한길사, 2000)에서 아들은 정신분석학의 대표적인 개념인 오이디푸스 콤플렉스, 아버지에게 저항하는 아들이 아니라 아버지의 결여를 메우려는 아들의 모습으로 그려진다.

그러나 라캉은 그 반대의 경우도 생각해냅니다. 우리가 존재론적이라고 말할 수 있는 범위를 사랑이 갖고 있다는 것입니다. 타자에게서 욕망이라는 것이 더러 페티시스트적 방식*으로 선택되기 마련인 대상들, 예컨대 유방·엉덩이·음경(陰莖) 등과 관련된다면, 사랑은 타자의 존재 자체, 이렇게 단절되고 재구성된 내 인생에서 자신의 존재로 완전히 무장하고서 불쑥 솟아난 타자 그 자체와 관련되는 것입니다.

선생님 말씀의 요지는 사랑에 관해 매우 모순된 철학적 개념들이 존재한다는 데 놓여 있는 것이 아닌가 합니다.

사랑에 드리워진 철학적 개념들에서 세 가지 원칙을 구별해내야 하겠습니다. 우선 낭만적 개념인데, 이것은 만남의 황홀로 집약됩니다. 그다음으로는, 앞에서 우리가 만남 알선 사이트 '미틱'에 관한 얘기를 나누었을 때 더러 언급되었던 것인데, 사랑을 최종적으로 하나의 계약으로 여기게 될, 상업적이고 법률적이라고 말할 수 있는 그런 개념입니다. 여기서 계약은 서로 사랑한다고 선언하기도 하지만, 한편으로 관계의 동등성, 상호이익이 동반되는 시스템 등에 상당한 주의를 기울이는 자유로운 두 개인 사이의 계약을 뜻합니다. 마지막으로 사랑에서

---

* 특정 물건이나 옷차림·액세서리 따위를 보면서 성적 흥분을 느끼는 현상 또는 취향을 일컫는 말.

환상을 만들어내는 회의적인 개념도 또한 존재합니다.

　제 고유의 철학에 의거해 여기서 제가 말하고자 하는 바는, 사랑은 이러한 시도들 가운데 그 어떤 것으로도 환원되지 않는다는 사실, 그리고 사랑은, 예컨대 진리의 구축이라는 것입니다. 이렇게 말씀드리면, 선생님은 그럼 무엇에 대한 진리냐고 저에게 되물어보실 수 있겠지요. 당연히 그것은 아주 특이한 의견에 관한 진리라고 할 수 있습니다. 예컨대 이런 것입니다. 하나가 아닌 둘에서 시작되어 세계를 경험하게 될 때, 세계는 과연 무엇일까? 동일성에서 시작되는 게 아니라 차이로부터 검증되고, 실행되고, 체험된 세계란 과연 무엇일까? 저는 사랑이 바로 이런 거라고 생각합니다. 사랑은 성적 욕망과 그 시련들, 또는 아이의 탄생도 당연히 포함하지만, 마찬가지로 수많은 여타의 것들, 좀 더 솔직히 말해 차이의 관점에서 시련을 영위하는 것에 관여하게 되는 바로 그 순간에 시작된 것이라면, 무엇이든 포함시키는 그런 계획입니다.

　선생님 견해에 따를 때, 사랑이 차이에서 출발하여 세계를 경험하는 하나의 방식이라고 한다면, 사랑에 빠진 사람은 자기가 사랑하는 사람에게서 "여타의 사람들과 상이한 특성이 아니라 차이라는 특성 그 자체를 발견했기 때문에" 사랑하게 된다던 철학자 에마뉘엘 레비나스(Emmanuel Levinas)의 개념을 떠올리게 됩니다. 그런데 선생님께서는 왜 레비나스의 개념에 공감하시지 않는 것인지요? 선생님께서는 왜 사랑이 타인에 대한 경험은 아니라고 생각하시는지요?

　차이에서 시작된 세계의 구축은 차이의 경험과는 완전히 다른 것이라는 사실을 우선적으로 이해하는 게 중요하다고 생각합니다. 레비나스의 관점은 타인의 얼굴과 결부된 환원 불가능한 경험, 이를테면 그 매개가 결국에는 "전체-타자"로서의 신(神)이 되는 그런 출현에서 출발합니다. 이타성의 경험은 핵심적인데, 왜냐하면 이것이 바로 윤리의 근저를 이루기 때문입니다. 레비나스는 따라서 사랑이 가장 전형적인 윤리적 감정이라는 결론을 위대한 종교적 전통 속에서 빚어내게 됩니다.
　그러나 제가 보기에, 사랑 그 자체만을 놓고 보면 특별히 "윤리적인" 것이라고는 전혀 존재하지 않습니다. 좀 더 솔직히 말하자면, 비록 그것이 역사 속에서 상당한 효과를 창출해냈다 하더라도, 저는 사랑에서 이런 식의 신학적 성찰을 이끌어내는 것을 조금도 좋아하지 않습니다. 저는 여기서 둘을 부정하는 하나가 가하는 최후의 보복을 목격합니다. 저에게는 한 타인과의 만남이 있으며, 그러나 더 정확히 말하면, 여기서 하나의 만남은 단지 하나의 경험을 의미하는 것은 아닙니다. 만남은 전적으로 불투명한 상태로 존재하는 하나의 사건일 뿐이며, 실제세계의 내부에서 발생하는 다양한 결과들을 통해서만 오로지 현실성을 갖게 될 뿐입니다.
　또한 저는 사랑을 "헌신적인" 경험, 즉 나를 최종적으로 전체-타자에 결부시키고 마는 그런 세계의 모델이자 그런 타자를 위해 나 자신을 완전히 망각하게 되는 그런 경험으로 보지도 않습니다. 이미 괴테는 『파우스트』(Faust)의 마지막 부분에서 "영원한 여성성은 저 높은 곳으로 우리를 데리고 간다"고 말한 바 있습니다. 이렇게 말해서 좀 겸연쩍지만, 저는 여기서 경미한 외설적 표현들을 발견합니다. 그러나 사랑은 나를 "높은 곳"으로 인도하지 않으며, 더구나 그 나머지 것들을 "낮은 곳"으로 데려가지도 않습니다. 사랑은 실존적인 제안일 뿐입니다. 다시 말해서, 사랑은 단순한 나의 생존 충동이나 내가 잘 알고 있는 이해관심에 비추어, 탈중심적 관점에서 어떤 세계를 구축하는 것입니다.

여기서 저는 "구축"을 "경험"과 대립시킵니다. 예를 들어 산에 올라 사랑하는 여인의 어깨에 기댄 채, 황금빛 초원, 나무 그늘, 울타리 뒤에서 미동도 않는 검은 코 양 떼들, 바위 뒤로 서서히 모습을 감추는 태양 등 저녁 무렵의 평화를 보는 자는 바로 나이며, 그녀의 얼굴을 통해서가 아니라 있는 그대로의 세계에서, 내가 사랑하는 여인이 저와 같은 세계를 보고 있다는 바로 그러한 사실을 나는 인식하는 것입니다. 나아가 이러한 동일성이 세계에 속한다는 것, 사랑은 바로 이 순간 동일한 하나의 차이가 된다는 패러독스를 저는 알고 있는 것입니다. 따라서 사랑은 존재하며, 사랑은 여전히 존재하리라는 사실을 약속합니다.

이렇게 해서 그녀와 나는 이러한 유일한 주체, 즉 사랑의 주체로 체화되며, 사랑의 주체는 우리 양자의 차이의 프리즘을 거쳐 세상에 전개됩니다. 사랑은 나의 개인적인 시선을 가득 채우는 무엇에 국한되는 대신, 이 세계가 이루어지고 탄생한 결과 존재하게 되는 무엇입니다. 사랑은 언제나 세계의 탄생을 목격할 가능성을 내포하고 있습니다. 이 가능성이 사랑 안에 존재한다면, 아이의 탄생은 이러한 가능성을 보여주는 예들 가운데 하나가 될 것입니다.

3
사랑의 구축

선생님 고유의 사랑 개념으로 돌아와보겠습니다. 앞에서 우리는 사랑이 재발명되기를 원했던 랭보를 언급한 바 있습니다. 그런데, 사랑에 관한 어떤 사유에서 출발하여 우리가 사랑을 재발명할 수 있는 걸까요?

먼저, 각자의 경험에 부합하는 두 가지 지점에서 출발하여 사랑에 관한 문제 전반에 접근해야 한다고 생각합니다. 무엇보다도 사랑은 두 사람 각자의 무한한 주체성을 바탕으로 두 사람 간의 단순한 차이를 구성해낼 분리나 구분을 다룹니다. 구분은 대부분의 경우 성적 차이에 바탕을 둡니다. 물론 딱히 이런 경우가 아니라 해도, 사랑은 어쨌든 두 가지 상이한 재현의 자세, 두 가지 형상과 직면하게 됩니다. 달리 표현하자면, 사랑 안에서 우리는 분리이자 구분이며 차이인 첫 번째 요소를 갖게 된다는 것입니다. 둘인 무엇을 갖게 된다는 말이지요. 따라서 사랑은 우선 이 둘인 무엇에 관여합니다.

다음으로 말씀드릴 두 번째 지점은 사랑이 바로 구분을 다루기 때문에, 이 둘인 무엇이 모습을 드러내고, 무대에 등장하고, 새로운 방식으로 세계를 경험하는 바로 그 순간, 사랑이 불확실하거나 우발적인 어떤 형태를 취할 수 있다는 사실입니다. 흔히 만남이라고 부르는 것도 바로 이것입니다. 사랑은 항상 만남에서 시작됩니다. 그리고 저는 형이상학적인 방식으로 이러한 만남에 하나의 사건, 다시 말해서 사물들의 즉각적인 법칙에 속하지 않는 무엇에 사회적 지위를 부여합니다.

사랑의 이러한 출발점을 보여주는 수많은 예를 우리는 문학과 예술 작품에서 찾아볼 수 있습니다. 수많은 이야기나 소설은 둘이 각별하게 강조된 사례들에 바쳐졌으며, 이런 사례들은 두 연인이 동일한 사회계층이나 동일한 집단, 동일한 파벌이나 동일한 국가에 속해 있지 않은 경우가 대부분입니다. 두 연인이 대립되는 세계에 속해 있는 『로미오와 줄리엣』(Romeo and Juliet)이 바로 이러한 구분에 대한 대표적인 알레고리라 하겠습니다. 가장 강력한 이원성과 가장 극단적인 분리를 경유하여 사랑의 대각선처럼 교차되는 측면은 매우 중요한 요소입니다.

이 두 가지 차이들의 만남은 하나의 사건, 우발적이고도 놀라운 어떤 것, "사랑의 놀라움들", 심지어 연극이기조차 합니다. 이러한 사건에서 출발하여 사랑은 시작되고 도입됩니다. 이것이 바로 사랑에서 아주 근본적이라 할 첫 번째 지점입니다. 이러한 놀라움은 전적으로 세계에 대한 경험인 하나의 과정을 연동시켜버립니다. 사랑은 개인인 두 사람의 단순한 만남이나 폐쇄된 관계가 아니라 무언가를 구축해내는 것이고, 더 이상 하나의 관점이 아닌 둘의 관점에서 형성되는 하나의 삶이라 하겠습니다. 그리고 바로 이것이 제가 "둘이 등장하는 무대"라고 일컫는 것이기도 합니다. 개인적으로 저는 그저 단순하게 사랑의 시작에 대한 물음들이 아니라, 사랑의 지속성과 그 과정에 대한 물음들에 늘 관심을 기울여왔습니다.

선생님께서는 사랑은 만남으로 요약되는 것이 아니라, 지속성 속에서 실현된다고 하셨습니다. 선생님께서 완전히 서로를 통합해버리는 사랑의 개념을 용인하려 하시지 않는 것은 어떤 이유에서입니까?

사랑의 낭만적인 개념이 지금도 여전히 존재하며, 다소간 이 개념은 만남에다 사랑을 소진시켜버린다고 저는 생각합니다. 다시 말해 사랑은 만남에서, 즉 있는 그대로의 세계에서 일어나는 마술적인 외재성의 한순간을 맞이하여 불타버리고, 소진되며, 동시에 소비된다는 말입니다. 또한 바로 여기에서 바로 기적의 범주에 속하는 어떤 것, 즉 존재의 강렬함, 완전히 녹아버린 하나의 만남이 도래합니다. 그렇지만 전반적으로 사랑이 이렇게 전개될 때 우리는 "둘이 등장하는 무대"가 아니라 "하나가 등장하는 무대"와 마주하게 됩니다. 그리고 바로 이것이 서로를 통합해버리는 사랑 개념입니다. 다시 말해서 두 사람의 연인이 만났고, 한 사람의 영웅적 행위와 같은 무언가가 세계에 맞서 생겨납니다.

낭만적 신화 속에는 이러한 융합의 지점이 빈번히 죽음으로 귀결된 바 있다고 지적할 수 있을 것입니다. 사랑과 죽음 사이에는 깊고도 밀접한 관계가 존재합니다. 이러한 관계를 가장 잘 드러내는 것은 분명 리하르트 바그너(Richard Wagner)의 『트리스탄과 이졸데』(*Tristan und Isolde*)일 텐데, 만남의 예외적이고 형언할 수 없는 그 순간 속에 사랑을 소진해버린 나머지, 그 이후 관계의 외부에 남아 있는 세계로는 더 이상 진입할 수 없게 되어버리기 때문입니다.

이것이 바로 급진적이고 낭만적인 사랑 개념이며, 저는 이 개념이 거부되어야만 한다고 믿고 있습니다. 이 개념에는 놀라운 예술적 매력이 존재하지만, 제 생각에 이 개념은 심각한 실존적 위험을 또한 내포하고 있습니다. 저는 이 개념을 사랑에 대한 진정한 하나의 철학으로서가 아니라, 오히려 강력한 예술적 신화로 받아들여야만 한다고 생각합니다. 왜냐하면 무엇보다도 사랑은 세계에서 일어나는 것이기 때문입니다. 사랑은 세계의 법칙들에 의해서는 계산하거나 예측할 수 없는 하나의 사건입니다. 그 무엇도 만남이 이루어지도록 허용하지는 않았는데—심지어 장시간 채팅을 미리 전제하는 '미틱'이라 해도!—왜냐하면 결국 서로 만나게 되는 순간, 서로 만난다는 것, 바로 이런 것들은 다른 그 무엇으로도 환원될 수 없는 것이기 때문입니다. 더구나 사랑은 만남으로도 환원될 수는 없는데, 이는 사랑이 구축이기 때문입니다.

사랑에 관한 사유에서 불가사의한 것은 바로, 사랑을 완수할 그 기간에 관한 문제에 놓여 있습니다. 예컨대 매우 흥미로운 사실은 사랑이 시작되는 순간의 황홀감에 관한 문제에 놓여 있는 게 아니라는 점입니다. 물론 시작되는 그 순간의 황홀감은 분명 존재합니다. 그러나 우리가 사랑이라고 부를 수 있는 것은 무엇보다도 지속되는 하나의 구축이 되어야 한다는 것입니다. 사랑은 끈덕지게 이어지는 일종의 모험이라고 할 수 있겠지요. 모험적인 측면은 사랑에 필요한 것이겠지만, 한편, 그렇다고 해서 사랑이 끈덕짐을 덜 필요로 하는 것도 아닙니다. 최초의 장애물, 최초의 심각한 대립, 최초의 권태와 마주하여 사랑을 포기해버리는 것은 사랑에 대한 커다란 왜곡일 뿐입니다. 진정한 사랑이란 공간과 세계와 시간이 사랑에 부과하는 장애물들을 지속적으로, 간혹은 매몰차게 극복해나가는 그런 사랑일 것입니다.

그렇다면 이러한 구축은 어떤 특성을 지니고 있습니까?

예를 들어 동화는 이러한 구축에 관해 대단한 것을 말해오지는 않았다는 점을 우선 지적하고 싶습니다. 동화는 "그들은 결혼했고 자식을 많이 두었다"고 말할 뿐입니다. 이것도 뭐, 괜찮습니다. 하지만 사랑이 결혼하는 것을 의미하는지, 아니면 자식을 많이 낳는 것을 의미하는지는 정말이지 의문입니다. 따라서 이런 설명은 빈약해 보이며, 한편으로 틀에 박힌 것이기도 합니다. 가족이라는 세계를 창조하는 순간 사랑이 전적으로 완성된다거나 실현될 것이라는 생각은 그다지 만족스러운 설명은 아닐 것입니다. 제 말은 가족이라는 세계가 사랑에 속하지 않기 때문이 아니라——저 자신은 사랑에 속한다는 쪽에 무게를 두고 있습니다——, 사랑을 전적으로 가족으로 환원할 수는 없다는 뜻입니다. 아이의 탄생이 어떻게 해서 사랑의 한 부분을 이루게 되는지 잘 이해할 필요는 있지만, 사랑의 실현이 바로 아이의 탄생이라고 말해서는 안 된다는 것입니다.

사랑에서 제 관심을 끄는 지속성에 관한 문제도 바로 여기에 놓여 있습니다. 좀 더 명확히 말해보겠습니다. 이 "지속성"이라는 표현에서, 사랑이 지속되고 서로가 항상 사랑하며 또는 영원히 사랑한다는 의미만을 이해해서는 안 된다는 것입니다. 삶에서 지속되고 있는 여러 가지 다른 방식을 사랑이 창출한다는 의미로 받아들여야 한다는 말이지요. 각자라는 존재는 사랑의 시련 속에서 새로운 시간성과 직면하게 됩니다. 물론, 시인의 어투로 말하자면 사랑은 "지속하고자 하는 강한 욕망"이기도 합니다. 하지만 여기에 더해서, 사랑은 미지의 무엇을 지속시키려는 욕망이기도 합니다. 우리가 잘 알고 있듯이, 사랑은 삶의 재발명이기 때문입니다. 사랑을 재발명하는 것, 그것은 바로 이러한 재발명을 재발명하는 것입니다.

선생님께서는 저서 『조건들』(Conditions, 1992)에서 사랑에 드리워진 몇몇 뿌리 깊은 견해들, 특히 프랑스 모럴리스트들의 염세적 전통에서 귀중하게 여기는 사랑의 감정이라는 개념을 환상의 일종으로 치부하면서, 인정하지 않으셨습니다. 이들의 사랑 개념을 "섹스라는 실체가 그 안에 면면히 자리 잡고 있는 장식용 겉치레"일 뿐이라거나 "욕망과 성적 질투를 사랑의 핵심"으로 삼는 개념으로 간주하신 바 있습니다. 선생님께서 이들의 개념을 비판하는 이유를 좀 더 자세히 들려주셨으면 합니다.

이런 모럴리스트적 개념은 회의주의적 전통에 속합니다. 이 철학은 사랑이 사실상 존재하지 않으며, 단지 욕망의 미사여구일 뿐이라고 주장합니다. 유일하게 존재하는 것은 바로 욕망이라고 말하는 것이지요. 이 관점을 따를 때, 사랑은 단지 성적 욕망에 들러붙어 있는 하나의 상상적 구성일 뿐입니다. 아주 오랜 역사를 지닌 이 개념은 우리 모두를 사랑을 불신하는 곳으로 초대합니다. 그 핵심이 다음과 같은 말에 놓여 있기 때문에 이 개념은 이미 안전의 영역에 위치합니다. "당신이 성적 욕망을 품고 있다면 그것을 실천하십시오. 그리하면 되는 것입니다. 그렇다고 해서 누구를 사랑해야 한다는 생각을 바탕으로 환상을 품을 필요는 없습니다. 그런 것은 모두 팽개쳐버리고, 어서 목표를 향해 돌진하십시오!"라고 말입니다. 그러나 이 경우, 사랑은 성의 실체라는 명목 아래 자격을 상실해버리거나 아니면 해체된다는 사실을 간단히 언급해야겠습니다.

이 점에 관해, 제 개인적인 경험을 바탕으로 한번 말해보겠습니다. 거의 대부분의 사람들과 마찬가지로 저도 성적 욕망의 힘과 그 집요함을 인식하며, 또 그것을 믿고 있습니다. 제 나이가 저로 하여금 그 사실을 잊게 한 것은 아닙니다. 마찬가지로, 저는 사랑이 이러한 욕망의 실현에서 변화된 제 모습을 추구한다는 사실도 잘 알고 있습니다. 바로 이 점이 중요한데, 매우 낡은 고전문학이 이구동성으로 말하는 것처럼, 사랑이 고작해야 선언에 다름 아니라는 사실에 대한 희귀한 물질적 증거들 가운데 하나처럼, 성적 욕망의 완수라는 것이 작동하기 때문입니다. 이 희귀한 증거는 육체와 절대적으로 연관된 것이기도 합니다.

"나는 너를 사랑한다"는 타입의 선언은 만남이라는 어떤 사건을 확정해주기 때문에 매우 근본적이며, 또한 책임을 부여합니다. 그러나 타인에게 제 몸을 맡기는 행위, 타인을 위해 옷을 벗는 행위, 알몸이 되는 행위, 태고의 몸짓을 완수하는 행위, 부끄러움을 모두 던져버리는 행위, 소리 지르는 행위처럼 몸과 결부된 행위로의 진입 따위는 사랑에 대한 위임의 증거로서 제 가치를 지니게 됩니다. 바로 이것이 사랑이 우정과 비교할 때 드러나는 근본적인 차이입니다. 우정에서는 육체적인 증거를 찾지 않으며, 육체의 쾌락에서 울려나오는 반향도 없습니다. 이렇기 때문에 우정은 가장 이지적인 감정, 철학자들 중에서도 열정을 불신하는 철학자들이 늘 선호해왔던 바로 그런 감정인 것입니다. 사랑은 특히 지속성 안에서 우정의 모든 긍정적 특징들을 취합니다. 그러나 또한 사랑은 타인이라는 존재의 총체성에 관련되며, 육체의 위임은 이 총체성의 물질적 상징이기도 합니다.

  그러면 누군가는 이렇게 말할 것입니다. "그건 아니지! 작동하는 것은 오직 욕망, 욕망일 뿐이야"라고 말입니다. 그것이 아직 발현되지 않은 선언이라 하더라도, 저는 선언된 사랑의 요소에서 욕망의 효과들을 생산해내는 것은 직접적으로 욕망이 아니라 바로 이 사랑의 선언이라고 생각합니다. 사랑은 제 증거로 욕망을 포괄하기를 원합니다. 두 몸이 취하는 의례는 따라서 말의 물질적 담보인 셈이며, 그것은 또한 삶의 재발명에 대한 약속이 육체의 밀착을 통해서 지켜져나갈 것이라는 생각을 바탕으로 이루어진 무엇입니다. 연인들은 심지어 가장 격렬한 섹스에서조차도, 몸이 사랑의 선언을 받아들였다는 그 증거 위로 평화가 내려앉을 때, 잠에서 깨어난 아침에, 마치 두 육신의 수호천사처럼 사랑이 거기에 있다는 사실을 알게 됩니다. 바로 이런 이유 때문에 사랑은, 사랑의 상실에 유독 관심을 두는 몇몇 이데올로그를 제외하고는 그 누구에게도 단순한 성적 욕망의 위장술이나 종족 번식의 완수를 위한 복잡하고 비현실적인 술책이 될 수 없으며, 그렇지도 않은 것이라고 저는 생각합니다.

4
사랑의 진리

선생님께서는 앞서 플라톤이 사랑과 진리 사이의 특별한 관계를 이미 파악하고 있었다고 말씀하셨습니다. 그렇다면 선생님께서 보실 때, 어떤 점에서 사랑이 "진리의 절차"(procédure de vérité)인지요?

저는 사랑이, 예컨대 저의 고유한 철학적 용어로 제가 "진리의 절차"라고 일컫는 무엇, 다시 말해서 어떤 형태의 진리가 구축되는 하나의 경험이라고 주장합니다. 아주 단순히 말해서 이 진리는 둘에 관한 진리입니다. 있는 그대로의 차이의 진리라는 것이지요. 또한 사랑은 바로 이것에 대한 경험—제가 "둘이 등장하는 무대"라고 표현하는 무엇—입니다.

이런 의미에서 볼 때, 시련을 받아들이고, 지속될 것을 약속하며, 바로 이 차이에서 비롯된 세계의 경험을 수용해나가는 모든 사랑은 자기 고유의 방식으로 차이에 관한 새로운 진리 하나를 생산해냅니다. 겉으로는 비할 데 없이 보잘것없기도 하고 몹시 감춰지기도 하는 그 모든 진정한 사랑이 휴머니티 전반과 관련되어 있는 것도 이 때문입니다. 사랑 이야기가 우리 모두를 매료시킨다는 사실을 잘 알고 있지 않습니까! 철학자는 이 사랑 이야기들이 왜 우리 모두를 매료시키는지 물어보아야만 할 것입니다. 사랑 이야기에 전적으로 할애된 온갖 종류의 영화나 소설, 노래 따위가 왜 우리를 사로잡는지에 대해서 물어보아야 하는 것입니다.

이 사랑 이야기들이 대중의 엄청난 관심을 끌게 되는 이유는 사랑에 보편적인 무엇이 있기 때문임이 분명합니다. 보편적인 것이 거기에 있다는 것, 그것은 모든 사랑이 하나가 아닌 둘이 되는 것과 연관된 진리에 대한 새로운 경험을 제시한다는 뜻이기도 합니다. 고독한 의식에 의한 것과는 상이하게, 사람들은 서로 대면하고 서로가 서로를 경험할 수 있는 것입니다. 그 어떤 사랑이라 해도 새로운 증거를 우리에게 부여해주는 것은 바로 이 때문입니다. 성 아우구스티누스가 말했듯이, 바로 이와 같은 이유로 우리는 사랑을 사랑하는 것이며, 그런 한편, 다른 사람들이 사랑하는 무언가를 우리 역시 사랑하는 것입니다. 아주 단순하게 말해서, 그 이유는 우리가 진리를 사랑하기 때문입니다. 사랑이 제 모든 의미를 철학에 부여하는 게 되는 것은 바로 여기입니다. 한마디로 사람들은, 심지어 자신들이 진리를 사랑한다는 사실을 모르고 있는 경우일지라도, 진리를 사랑하는 것입니다.

　　선생님께서 "선언된"(déclaré) 사랑에 관해 말씀하신 것처럼, 이 진리는 말해진 것임에 틀림없는 것 같습니다. 선생님 견해에 따르자면 사랑에는 필연적으로 선언의 단계가 존재합니다. 사랑을 말하는 행위가 왜 그렇게나 중요한지요?

　　그 이유는 사건의 구조 안에 등재되는 것이 바로 선언을 통해서 일어날 수밖에 없기 때문입니다. 우리는 우선 하나의 만남을 갖게 됩니다. 저는 앞서 사랑이 만남이라는, 전적으로 우발적이고도 우연한 특성에서 시작된다고 말한 바 있습니다. 만남은 진정 사랑과 우연의 놀이일 것입니다. 또한 이러한 놀이는 필연적이기도 합니다. 제가 앞서 말씀드렸던 프로파간다 같은 것들도 있지만, 이 놀이는 항상 존재합니다. 그러나 또한 우연은 어떤 주어진 한순간에 고정되어야만 합니다. 이 말은 우연이 지속성을 촉발해야 한다는 뜻입니다.

　　이는 전적으로 형이상학적이고 아주 복잡한 문제이기도 합니다. 예컨대, 단순한 하나의 우연이었던 것이 어떻게 진리의 구축을 견지해나가는 버팀목이 될 것인가? 존재의 예측 불가능한 돌발적인 것들과 연결된 듯이 보이는 이 예견할 수 없었던 무엇은, 그럼에도 불구하고 어떻게, 시선 차이의 중재에 따른 세계의 항구적인 (재)탄생으로부터 계속해서 이어지는 경험을 만들어낼, 짝지어지고 혼합된 두 삶의 완전한 의미가 되어갈 것인가? 이 단순한 만남으로부터, 둘이라고 해독되는 유일한 세계의 패러독스를 향해 우리는 어떻게 이행할 것인가?

솔직히 말해 이런 물음들은 매우 불가사의한 것이기도 합니다. 게다가 이런 물음들은 사랑과 관련하여 상당히 회의적인 태도를 양산하는 원인이 되기도 합니다. 직장에서 이성 또는 동성 동료를 만났다는, 한편으로는 매우 진부한 사실에서 왜 위대한 진리를 들먹여야 하는 것이냐고 생각할 수도 있을 것입니다. 그렇지만 우리가 주장해야 하는 것이 바로 이것입니다. 다시 말해서, 얼핏 무의미해 보이지만, 한편 소소한 삶의 근본적인 사건은 끈질기게 지속됨으로써 보편적인 의미를 생산하게 된다는 것입니다.

물론 "우연은 고정되어야만 한다"는 것도 어떤 면에서는 사실임이 분명합니다. 이 "우연은 결국 고정된다……"는 말은 말라르메가 사용한 표현이기도 한데, 말라르메의 이 말은 사랑에 관한 것이 아니라 물론 시에 관계된 것입니다. 하지만 우리는 이것을 사랑과 사랑의 선언에도 아주 훌륭하게 적용해볼 수 있습니다. 이 표현에 결부되어 있는 엄청난 난해함과 각양각색의 고뇌와 함께 말입니다.

예컨대 시와 사랑의 선언 사이의 친화력은 익히 알려져 있습니다. 이 두 가지의 경우 공히 언어활동에 책임이 부여되었다는 엄청난 위험성이 존재합니다. 이것은 존재 안에서 그 효과가 실제로는 무한할 수도 있는 말을 입 밖으로 꺼내는 것에 관련된 문제입니다. 이것은 또한 시의 욕망이기도 합니다. 가장 단순한 낱말들이 거의 지탱할 수 없을 정도의 강렬함으로 가득 채워집니다. 사랑을 선언하는 것은 '만남-사건'에서 진리 구축의 시작 단계로 이행하는 것이며, 만남의 우연을 시작이라는 형식 안에 고정시키는 것입니다. 그리고 이렇게 해서, 시작된 것은 아주 오랫동안 지속되고, 더 이상 처음 시작되던 때처럼 우연적이고 우발적인 것이 아닌, 실제로 하나의 필연처럼 등장하는 세계의 경험과 새로움으로 가득 차게 됩니다.

바로 이렇게 해서 우연이 고정되는 것입니다. 이를테면 내가 알지 못했던 누군가와의 만남이라는 완벽한 우연이 결국 하나의 운명이라는 외양을 띠게 되는 것이지요. 사랑의 선언은 우연에서 운명으로 이르는 이행의 과정이고, 바로 이런 이유로 사랑의 선언은 그토록 위태로운 것이며, 일종의 어마어마한 긴장감으로 가득 차 있는 것입니다. 게다가 사랑의 선언은 필연적으로 단 한 번으로 끝나는 것이 아니라 길고 산만하며, 혼동스럽고 복잡하며, 선언되고 또다시 선언되며, 그런 후에조차 여전히 다시 선언되도록 예정된 무엇일 수 있습니다.

사랑의 선언은 우연이 고정되는 순간을 뜻합니다. 그 순간에 당신은 당신 자신에게 이렇게 말할지도 모릅니다. 여기서 일어난 일, 이 만남, 이 만남에서 비롯된 에피소드들, 내가 상대에게 선언하는 것은 바로 이 모든 것들이라고 말입니다. 나를 결부시키는 무언가가 여기서 일어났다고 나는 그(그녀)에게 선언할 것입니다. 이것이 바로 "나는 너를 사랑해"입니다. 만약 "나는 너를 사랑해"가 누구와 섹스를 하기 위한 술수——물론 충분히 일어날 수 있는 일이지만——가 아니라고 한다면,

이 말이 그러한 술수가 아니라고 한다면, 이것은 과연 무엇일까요? 여기서 말해진 것은 무엇을 의미할까요?

"나는 너를 사랑해"라고 말하는 것은 결코 단순하지 않습니다. 사람들은 이 간략한 문장을 완전히 낡아빠지고 무의미한 것으로 간주하는 습관이 있습니다. 게다가 "나는 너를 사랑해"라고 말하기 위해, 간혹 사람들은 좀 더 시적이고 더러는 덜 상투적인 다른 낱말들을 사용하고 싶어 하기도 합니다. 하지만 어떤 표현이 되었든, 그것은 하나의 우연이었던 것에서 내가 다른 것을 끄집어내겠다는 걸 말하기 위함입니다. 우연으로부터 내가 지속성·끈덕짐·약속·충실성을 이끌어낼 것이라고 말입니다. 여기서 충실성은 이 단어의 보편적인 맥락에서 떼어내, 저의 고유한 철학적 용어로 다시 사용해본 낱말입니다. 이 단어는 우연한 하나의 만남에서 그것이 필연적이었던 것만큼 견고한 구축으로 이행함을 의미합니다.

이와 관련하여, 여기서 앙드레 고르(André Gorz)의 매우 아름다운 저서 『D에게 보낸 편지. 어떤 사랑 이야기』(*Lettre à D. Histoire d'un amour*, 2006)를 인용해볼 필요가 있다고 봅니다. 철학자가 자기 부인 도린에게 보내는 사랑의 선언인 이 작품을 저는 꾸준히 지속된 사랑 이야기로 볼 수 있다고 생각합니다. 첫머리를 인용해보면 이렇습니다. "이제 곧 당신은 여든두 살이 되겠구려. 당신의 키는 6센티미터쯤 줄어들었고 몸무게도 겨우 45킬로그램이지만, 당신은 여전히 아름답고 우아하며 탐스럽구려. 우리가 함께 산 지 58년이 되어가고, 나는 당신을 그 어느 때보다도 사랑하오. 오로지 내게 안긴 당신 몸의 열기로만 가득 채워질 탐욕스러운 공허를 나는 내 가슴 깊은 곳에 새로이 간직하오." 선생님께서는 충실성이라는 개념에 어떤 의미를 부여하시는지요?

다른 누군가와 섹스를 하지 않겠다는 단호한 약속보다 충실성이 훨씬 더 괄목할 만한 의미를 담고 있지 않습니까? 애초의 "나는 너를 사랑해"가 어떤 특별한 공인을 필요로 하지 않는 하나의 약속, 즉 만남이 제 우연성에서 탈피할 수 있도록 지속성을 구축하는 약속이라는 사실을 충실성이 정확히 드러내고 있지 않습니까? 말라르메는 시를 "낱말에 의한 낱말로 극복된 우연"이라고 보았습니다. 사랑에서 충실성은 이러한 끈질긴 승리를 지칭합니다. 다시 말해 지속성의 고안 속에서, 한 세계의 탄생 속에서, 나날 이후의 나날로 인해 극복된 만남의 우연을 지칭하는 것이지요.

"나는 너를 영원히 사랑할 거야"라고 사람들은 왜 그렇게나 자주 말하는 것일까요? 물론 이 말이 속임수가 아니라는 가정 아래 던지는 질문입니다. 물론 모럴리스트들은 이런 말이 전혀 사실이 아니라고 하면서, 이 말 자체를 조롱하겠지만 말입니다. 우선, 이 말이 전혀 사실이 아니라는 말은 사실이 아닙니다. 영원히 사랑하는 사람들은 분명히 존재하며, 그 수는 우리가 짐작하거나 또 흔히 그렇다고 말하곤 하는 것보다 훨씬 더 많습니다. 모든 사람들은 사랑의 끝이, 그 어떤 빼어난 이유를 그 앞에 내세우더라도, 늘 재앙을 불러온다는 사실을 알고 있습니다.

사랑을 포기한 경우는 제 인생에 딱 한 번 일어났을 뿐입니다. 제 첫사랑이었고, 시간이 지날수록 저는 이 포기가 나중에, 아주 나중에, 제가 사랑한 그 사람이 죽음에 임박해서야, 그 어디에도 견줄 수 없는 강렬함과 필요성과 함께 제가 이 최초의 사랑을 향해 다시 돌아오게 될 만큼, 잘못이었다는 사실을 알게 되었습니다. 그 뒤로 저는 결코 포기하지 않았습니다. 극적인 일들, 고통과 불안도 있었지만, 저는 두 번 다시 사랑을 떠나지 않았습니다. 저는 제가 사랑하던 여인들을 두 번 다시 떠나지 않았다고 확신하며, 이는 과거에도 그랬고 실제로도 계속해서 그러합니다. 저는 회의적인 논쟁들이 정확한 것은 아니라는 사실을 잘 알고 있습니다.

그리고 두 번째로, "나는 너를 사랑해"가 여러 측면에서 볼 때 "항상"을 의미한다면, "너를 언제고 사랑한다"고 통고하는 것은 사실상 우연을 영원에다 기록하고 고정시키는 것이라고 봐야 합니다. 말에 겁을 먹지 마십시오! 우연의 고정, 그것은 바로 영원의 통고입니다. 그리고 어떤 의미에서 보면 모든 사랑이 영원을 선언합니다. 이를테면 사랑의 선언에 내포되어 있는 무엇도 바로 이것인 것입니다. 이후에 발생하는 모든 문제는 이 영원을 시간에 기록하는 것입니다. 왜냐하면 바로 이것이 사랑이기 때문입니다. 시간 속에서 할 수 있는 바로 그만큼 실현되고 전개되는 것이 분명한 영원의 선언, 이것이 바로 사랑이라는 것입니다. 시간 속에서 이 영원의 내리막도 있겠지요. 바로 이렇기 때문에 사랑은 그토록 강렬한 감정일 수 있습니다.

우리가 회의주의자들의 태도를 비웃을 수 있는 까닭은, 사랑을 포기하고 또 더 이상 사랑을 믿지 않는 것이야말로 진정한 재앙이라는 사실을 우리 모두 잘 알기 때문입니다. 사랑을 포기하면 삶이 완전히 무미건조해진다는 사실을 분명히 언급해야만 합니다. 따라서 사랑은 하나의 강력한 힘으로 우리에게 남겨집니다. 사랑은 주관적인 어떤 힘입니다. 사랑은 순간에 일어난 우연에서 시작되어, 당신이 영원을 제안하게끔 만드는 보기 드문 경험 가운데 하나인 것입니다.

"항상"은 그것을 통해 결국 영원을 말하게 되는 단어입니다. 왜냐하면 이 "항상"이 무얼 의미하는지도, 그것의 지속성이 무엇인지도 우리는 잘 알지 못하기 때문입니다. "항상", 그것은 "영원히"를 의미합니다. 간단히 말해 이것은 시간 속으로의 참여이기 때문이며, 사후의 신화 세계인 시간의 저편에까지 이것이 지속된다고 믿기 위해서는 클로델*이 되는 수밖에 없기 때문입니다. 영원은 삶이 지속되는 그 시간 속에서도 존재할 수 있고, 이는 앞서 우리가 그 의미를 부여했던 충실성을 본질로 삼는 사랑이 증명하러 우리에게 찾아오는 것이기도 합니다.

예컨대, 행복이 바로 이런 것입니다! 그렇습니다. 사랑의 행복은 시

---

* 폴 클로델의 연극과 앙투안 비테즈의 연출과 관련된 76쪽을 참조할 것.

간이 영원을 맞이할 수 있다는 그 증거인 것입니다. 어떤 혁명적 행동에 참여할 때 느끼게 되는 정치적 열광, 예술작품이 실어다주는 기쁨 그리고 마침내 학술이론을 깊이 깨달았을 때 느끼게 되는 거의 초자연적인 희열은 이런 행복의 증거들입니다.

사랑이 이처럼 둘의 도래, 즉 "둘이 등장하는 무대"라고 한다면, 아이는 어떻게 되는 것입니까? 아이는 이러한 "둘이 등장하는 무대"를 변질시키거나 무너뜨리는 것은 아닙니까? 아이는 사랑하는 "둘"을 결집시키는 "하나"는 아닌지요? 뿐만 아니라 이 둘을 연장시키기도 하지만 마찬가지로 그 둘을 분리해버리는 셋이 바로 아이 아닐까요?

정말 흥미롭고도 한편으로 매우 심오한 질문이라고 생각합니다. 이 문제를 고심한 제 유대인 친구 제롬 벤나로슈(Jérôme Bennaroch)는 어떤 지점까지는 사랑에 관한 제 견해를 받아들입니다. 그런데 그는 늘 제게 이렇게 말합니다. "사랑이라? 그래, 그것은 둘의 시련이지. 사랑은 둘의 선언이고, 영원이야. 하지만 하나라는 질서 속에서 그 증거를 만들어내야만 하는 어떤 순간이 있게 마련이지"라고 말입니다. 다시 말해 하나의 문제로 되돌아와야만 한다는 것입니다. 그리고 이 하나의 상징적인 동시에 실질적인 모습이 바로 아이입니다. 사랑의 진정한 종착점은 하나의 증거인 아이가, 어쨌거나 존재할 때입니다.

그러나 이 경우, 경험적으로 확인된 사실들, 특히 불임 커플, 동성애 커플 등에게서 사랑의 특성을 부인하게 된다며 저는 그의 견해에 반대하였습니다. 그런 다음, 좀 더 상세히 그에게 말했습니다. 아이는, 저만의 용어로 제가 "하나의 지점"이라고 이름 붙인 바로 그 자격으로 사랑의 공간에 속한다고 말입니다.

  하나의 지점,* 그것은 하나의 사건이 긴밀해지는 특이한 한순간이며, 그러나 한편, 이 순간에 사건은 변형되고 이전된 형태로만 다시 찾아오는 것과 마찬가지로, 다른 어떤 면에서 보면 "다시 선언"하도록 당신을 강제하면서 재연되는 것이 분명합니다. 결국 하나의 지점이란 정치적이건, 사랑에 관해서건, 예술적이건, 학문적이건, 하나의 진리를 구축하는 과정들이 당신이 사건을 받아들이고 선언했던 최초의 순간에 그렇게 했던 것처럼 근본적인 선택을 갑작스레 다시 취할 수밖에 없게끔 당신을 강제하는 그런 순간을 말합니다. 따라서 이때, "나는 이 우연을 받아들이고, 그것을 원하며, 떠맡는다"고 다시 한 번 말해야 합니다. 사랑의 경우, 빈번히 그리고 급박하게, 사랑의 선언을 다시 해야만 합니다. 지점을 (다시) 만들어내야만 한다고 말할 수도 있을 것입니다. 아이, 아이를 갖고자 하는 욕망 그리고 탄생이란 바로 이런 것이라고

---

* 지점(point)은 양자택일의 형태, 즉 '이것이냐, 저것이냐'와 관련된 선택과 장소를 가리킨다. 다시 말해 이는 주체적인 것과 객관적인 것 사이의 간격두기와 결합을 가리키는 말이다. 이 '지점' 개념은 주체의 선택과 장소를 동시에 가리킨다('선택이 있는 곳에 장소가 있다'). 지점을 다루는 것은 결국 영원한 진리의 국지적인 운명을 결정하는 일이라고 바디우는 말한다. Alain Badiou, *Logique des mondes*, Seuil, 2006 참조.

저는 생각합니다.

　분명한 것은 아이는 사랑에서 하나의 지점이라는 형태로 사랑의 과정에 속하게 된다는 것입니다. 기적인 동시에 난관이기도 한 탄생 주위로 거개의 커플들에게 일종의 시련이 찾아온다는 사실을 우리는 익히 알고 있습니다. 더 정확히 말해, 아이는 하나이기 때문에, 결국 둘을 아이 주위로 재편성해야만 할 것입니다. 더 이상 둘은 이 지점에 직면하기 이전에 그래왔던 것과 같은 방식으로 이 세계에서 함께하는 그런 경험을 지속할 수 없게 됩니다.

　저는 사랑이 연속적이라는 것, 달리 말하자면 사랑이 홀로 진행되지 않는다는 사실을 부정하는 것은 전혀 아닙니다. 지점들, 시련들, 시도들, 새로운 사실들의 출현이 존재하며, 매 순간 "둘이 등장하는 무대"를 재연(再演)해야 하며, 새로운 선언에 필요한 용어들을 찾아내야만 하는 것입니다. 최초에 선언된 바로 그 사랑도, 역시 "다시 선언"되어야 할 것입니다. 이와 마찬가지로 사랑이 애초에 격렬한 실존적 위기이기도 한 까닭 또한 바로 여기에 있다고 하겠습니다. 진리의 모든 과정처럼 말입니다. 게다가 이러한 관점에서 보면, 정치와 사랑 사이의 근접성은 정말이지 놀라울 정도입니다.

5 사랑과 정치

정치가 왜 사랑과 동류인 것입니까? 사랑과 마찬가지로 정치에 사건, 선언 그리고 충실성이 존재하기 때문입니까?

제가 보기에 정치는 진리의 절차이지만, 공동체적인 무엇과 결부되어 있다고 하겠습니다. 다시 말해서, 정치적 행위는 공동체가 할 수 있는 어떤 것들로부터 진리를 만들어냅니다. 예를 들어 정치적 행위는 평등을 실현할 수 있는가? 정치적 행위에서 이질적인 것을 포용하는 것이 가능한가? 정치적 행위는 유일하게 하나의 세계만이 존재한다고 생각할 수 있는가? 바로 이러한 범주에 속하는 것들입니다.

정치의 본질은 다음과 같은 질문 안에 들어 있습니다. 결집되고 조직되었을 때, 개인들은 과연 무엇을 생각하고 무엇을 결정할 수 있는

가? 사랑에서는 두 사람이 차이를 인정하고 그 차이를 창조적인 것으로 변화시켜갈 수 있는지의 여부를 알아보는 것이 문제가 됩니다. 정치에서는 다수로, 게다가 대중 속에서 우리가 평등을 창조해낼 수 있는지 그 여부를 알아보는 것이 문제가 됩니다.

사랑의 관리를 사회화하기 위해서 사랑의 지평에 가족이 존재하는 것과 마찬가지로, 정치의 열망을 억누르기 위해 정치의 지평에는 권력, 즉 국가가 존재합니다. 공동체적 '사유-실천'으로서의 정치 그리고 경영과 규격화로서의 국가나 권력에 대한 물음 사이에는, 둘의 우발적 발명으로서의 사랑에 관한 물음과 소유와 이기주의의 기본단위로서의 가족 사이와 마찬가지의 동일하고도 난해한 관계가 존재합니다.

예컨대 가족은 "상태"(état)라는 모호한 표현에 근거하는 사랑의 '정체'(l'Etat, 政體)라고 규정할 수 있겠습니다. 예컨대 대중적인 대규모의 정치 활동에 참여하면서 여러분은 "공동체가 무엇을 할 수 있는가?"라는 물음과 국가의 권력과 권위에 대한 물음 사이에 매우 중요한 긴장감이 존재한다는 사실을 경험하게 될 것입니다. 그 결과는 정치적 희망에 비추어 국가가 거의 매번 실망감을 안겨준다는 것입니다. 가족이 항상 사랑을 좌절시키고 있다는 것을 제가 여기서 다시 주장해야 할까요? 여러분은 이런 물음이 제기되는 것을 보게 될 것입니다.

제가 보기에 이러한 물음은 단지 매 지점을 통해서만, 매 결정을 통해서만 다루어질 뿐입니다. 성적 촉발의 단계, 아이의 지점, 여행의 지점, 일의 지점, 친구의 지점, 외출의 지점, 휴가의 지점, 여러분이 원하는 모든 것이 바로 여기에 있습니다. 사랑의 선언에 필요한 요소에서 이 모든 지점을 유지하기란 생각보다 그렇게 간단하지 않습니다. 마찬가지로 정치에서도 국가권력의, 국경의, 법의, 경찰의 지점들이 있으며, 열려 있고 평등하며 혁명적인 정치적 관점의 내부에서 이 지점들을 지탱해내기란 결코 쉬운 일이 아닙니다.

따라서 두 가지 경우, 즉 사랑과 정치 모두에서 우리는 매 지점을 통하는 절차들을 갖게 되며, 신실하고 경건한 제 유대인 친구에게 제가 반증으로 제시했던 것도 결국은 바로 이것이었습니다. 종착점과 시련을 서로 혼동하지 말아야 한다는 것 말입니다. 정치는 어쩌면 국가 없이는 행해질 수 없는 것일 테지만, 그렇다고 해서 이러한 사실이 권력이 바로 정치의 목표라는 것을 뜻하는 건 아닙니다. 정치의 목표는 공동체가 무엇을 할 수 있는가를 파악하는 것이지, 권력이 아니라는 뜻입니다. 마찬가지로 사랑에서도 그 목표는 차이의 지점인(지점으로 이루어진) 세계를 그야말로 하나하나 빠짐없이 경험해나가는 것이지, 종의 재생산을 확보하는 데 놓여 있는 것은 아니라는 말입니다.

회의적 모럴리스트들은 가족이라는 체제 안에서 자신이 주장하는 염세주의의 정당화, 다시 말해 사랑이란 결국 종의 영속을 위한 하나의 술수이자 기득권을 확고히 물려받기 위한 사회적 계략일 뿐, 그 이상도 이하도 아니라는 사실을 증명해주는 증거만을 보려 할 것입니다.

그러나 저는 이런 견해에 동의하지 않을 것입니다. 또한 사랑에 의해 창출된 둘의 눈부신 힘이 결국은 하나의 위엄 앞에 굴복할 수밖에 없다는, 제 친구 벤나로슈의 의견에도 동의하지 않을 것입니다.

그렇다면 자크 데리다(Jacques Derrida)가 "우정의 정치"[1]의 밑그림을 그렸던 것처럼 선생님께서는 왜 "사랑의 정치"를 고려하지 않으시는지요?

저는 사랑과 정치가 서로 뒤섞일 수 있다고 생각하지 않습니다. 제 생각에 "사랑의 정치"라는 말은 아무 의미도 지니지 않은 공허한 표현일 따름입니다. 우리가 "서로서로 사랑하십시오"라고 말하기 시작할 때, 그것이 일종의 도덕은 될 수 있을지 몰라도 정치는 될 수 없습니다. 왜냐하면 무엇보다도 정치에는 우리가 좋아하지 않는 사람들도 있기 때문입니다. 이것은 되돌릴 수 없는 것이기도 하지요. 싫어하는 사람들에게 서로를 사랑하라고 요구할 수는 없는 것입니다.

그렇다면 사랑의 특징과는 반대로 정치는 무엇보다 우선 적들 간의 대립이 되는 것인지요?

---

[1] Jacques Derrida, *Politique de l'amitié*, Galilée, 2004 ; Giorgio Agamben, *L'Amitié*, Payot & Rivages, 2007 ; *L'Ombre de l'amour. Le concept d'amour chez Heidegger*, Payot & Rivages, 2003 참조.

두 개인 사이에 존재하는, 또 어쨌든 우리가 보여줄 수 있는 가장 큰 차이들 가운데 하나인 절대적인 차이를 사랑에서 보아야 하는데, 그것은 이러한 차이가 무한한 차이를 의미하기 때문이며, 더욱이 만남·선언·충실성이 이러한 차이를 창조적인 존재로 변화시킬 수 있기 때문입니다. 정치에서 매우 본질적인 반론들과 관련된 경우 이런 유형의 것들은 전혀 생산될 수 없으며, 이러한 사실은 정치에서 실상 지명된 적들만을 존재하게 하는 원인이 되기도 합니다.

정치적 사유에서 매우 중요한 물음은, 물론 어느 정도 우리가 뿌리박고 있는 민주주의적 요소들 때문에 오늘날 접근하기가 몹시 어려운 것도 사실이지만, 바로 적들에 관한 물음입니다. 그것은 다름 아닌, 적들은 과연 존재하는가라는 물음입니다. 진정한 의미의 적들 말입니다. 다수의 표를 획득했다는 이유 하나로 권력을 합법적으로 쟁취하게 된 어떤 사람을 당신이 체념하며 마지못해 받아들일 경우, 이 사람은 진정한 적은 아닙니다. 이 사람은 당신이 그 자리에 있었으면 하는 사람을 대신하여 국가의 정상에 올랐다는 사실로 당신을 괴롭히는 자일 뿐입니다. 당신은 5년이나 6년 또는 그 이상의 기간 동안, 당신의 차례가 오기를 기다릴 것입니다. 적은 이것과는 다른 존재를 의미합니다. 적이란, 당신과 관계된 것이면 그 어떤 것이든, 그가 결정한 것을 당신이 조금도 참아낼 수 없는 그런 존재를 의미합니다.

그렇다면 진정한 적은 존재하는 것일까요, 아닐까요? 바로 이러한 물음에서 출발해야 한다고 생각합니다. 정치에서도 이러한 물음은 꽤 중요합니다만, 지나칠 정도로 등한시된 경향이 있어왔습니다. 그런데 적에 대한 이러한 물음은 사랑에 관한 물음에 비추어 완전히 생소한 것이기도 합니다. 사랑 속에서 여러분은 장애물과 대면하게 될 것이며, 내재하는 크고 작은 일과 맞닥뜨리게 되겠지만, 거기에 말 그대로의 적들이란 존재하지 않습니다. 그러면 이렇게 반문할 수도 있을 것입니다. "제 경쟁자는요?" "제 애인이 저보다 더 좋아하는 그 녀석은요?" 하고 말입니다. 그러나 이 둘은 아무 관계가 없습니다.

정치에서 적과 맞선 싸움은 행동을 구성하는 요소입니다. 적은 정치의 본질에 속하는 것입니다. 진정한 정치라면 모두 확실한 적을 구별해냅니다. 이와 반대로 경쟁자(연적)는 완전히 외부에 있으며, 사랑을 규정하는 일에는 조금도 개입하지 않습니다. 바로 이것이 질투를 사랑의 구성 요소라고 생각하는 모든 사람들과 상반된 견해이며, 그 핵심입니다. 이렇게 생각하는 사람들 가운데 가장 주목할 만한 인물은 마르셀 프루스트(Marcel Proust)입니다. 프루스트는 질투가 사랑의 주관성을 적재하는, 밀도 있고 악마적이며 진정한 무엇이라고 생각했습니다. 프루스트의 이런 생각은 저에게 모럴리스트적이고 회의적인 주장의 한 변형으로 보일 뿐입니다. 질투는 사랑의 인공적인 기생물이며, 사랑의 정의 안으로는 결코 진입하지 않습니다.

모든 사랑이 선언되고 시작되기 위해서, 우리가 우선적으로 외부의 경쟁자를 확인해야만 할까요? 그럴 리가요. 그 반대이지요. 사랑에 내재하는 난점들, "둘이 등장하는 무대"의 내적 모순들은 제삼자, 이 실재하거나 가정 속에 존재하는 경쟁자를 통해 더욱 명확해지는 것이지요. 사랑의 난점은 확인된 어떤 적이라는 존재와 결부된 것이 아닙니다. 그것은 오히려 사랑의 절차 속에 내재합니다. 다시 말해 차이의 창조적 놀이 안에 놓여 있는 것입니다.

사랑의 적은 경쟁자가 아니라 바로 이기주의입니다. 이렇게 말할 수 있겠습니다. 내 사랑의 주된 적, 내가 쓰러뜨려야만 하는 것은 타인이 아니라 바로 나, 차이에 반대되는 동일성을 원하는 차이의 프리즘 속에서 걸러지고 구축된 세계에 반대하여 자신의 세계를 강요하려 하는 "자아"입니다.

그렇다면 한편으로 사랑은 전쟁이 될 수도 있는 것 같습니다.

대다수 진리의 절차와 마찬가지로, 사랑의 절차 또한 늘 평화로운 것은 아니라는 점을 상기할 필요가 있습니다. 사랑의 절차는 난폭한 물음, 견디기 힘든 고통, 우리가 극복하거나 극복하지 못하는 이별 따위를 동반합니다. 사랑의 절차는 주체적인 삶의 가장 고통스러운 경험들 가운데 하나이며, 이러한 사실을 반드시 인식해야만 합니다. 그렇기 때문에 어떤 사람들은 "모든 위험을 보장하는 보험" 같은, 자신들의 프로파간다를 만들려고 하는 것이겠지요. 앞서 말씀드린 것처럼 사랑은 심지어 죽음을 만들어내기도 합니다. 사랑으로 인한 살인과 자살이 세상에 존재하는 것처럼 말이지요. 사실을 말하자면, 이런 점에서 볼 때, 사랑이 혁명적 정치보다 더 평화로운 것은 결코 아닙니다. 하나의 진리라는 것은 달콤한 장밋빛 꿈속에서 구축되는 것이 아니기 때문입니다. 사랑 역시 모순과 폭력의 체제를 갖추고 있습니다.

그러나 이 양자의 차이를 말하자면, 정치에서는 우리가 적이라는 물음에 완전히 직면하게 되는 데 견주어 사랑에서는 크고 작은 사건들이라는 물음과 마주하게 된다는 것입니다. 내재적이고 내적인 사건들, 적을 진짜로 규정하지는 않지만 때때로 동일성의 충동을 차이와 충돌하게 조장하는 그런 물음 말입니다. 사랑의 크고 작은 사건들은 동일성과 차이 사이의 충돌을 가장 확연하게 겪게 되는 경험입니다.

그렇지만 이 모든 것에도 불구하고, 사랑의 정치라는 모럴리즘 안에 빠지지 않고서도 사랑과 정치를 결부시키는 것이 가능하지 않을까요?

순전히 형식적인 방법으로 사랑에서 드러나는 변증법에 우리가 다가갈 수 있는 두 가지 정치적 또는 철학적-정치적 개념이 있습니다. 먼저 "코뮤니즘"(communisme)이라는 낱말 속에는, 공동체가 극단적인 모든 차이를 통합해내는 것이 가능하다는 그런 사유가 존재합니다. 여기에 있건 저기에 있건, 다른 곳에서 왔건 그렇지 않건, 어떤 언어로 말을 하고 또 어떤 문화적 배경을 갖추고 있건 이들이 코뮤니스트라는 형태의 정치적 과정에 참여하는 것을 막을 수는 없으며, 정체성 역시 사랑을 창조하는 데 큰 장애물이 되지는 않습니다. 카를 마르크스(Karl

Marx)가 말했듯이, 오로지 적들과의 정치적 차이만이 "화해 불가능"한 것입니다. 이 정치적 차이는 사랑의 절차에서는 그 어떤 등가물도 갖고 있지 않습니다.

그리고 "박애"라는 말이 있습니다. "박애"는 프랑스 공화국의 모토인 세 용어 가운데 가장 모호한 단어이기도 합니다. 논란의 여지가 없지는 않지만 "자유"라는 용어는 어쨌든 무엇을 이야기하려는지 알 수는 있습니다. "평등"이라는 용어도 충분히 엄밀한 정의를 부여할 수 있습니다. 그러나 "박애"가 뜻하는 것은 무엇일까요? 이 용어는 분명 차이들에 관한 물음, 즉 적과 근본적인 경계를 긋는 그런 대면을 동반하는, 정치적 과정에서 벌어지는 차이의 우호적인 공존에 관한 물음에 관여할 것입니다. 이것은 인터내셔널리즘으로 포괄될 수 있는 개념이기도 한데, 그 까닭은 만약 공동체가 실질적으로 자기 고유의 평등을 담당할 수 있게 된다면, 공동체는 가장 크게 벌어진 차이의 간극들을 통합해낼 수 있으며, 정체성이 행사하는 영향력도 엄밀하게 통제할 수 있다는 것을 의미하기 때문입니다.

대화의 서두에서 선생님께서는 기독교를 "사랑의 종교"(religion de l'amour)라고 말씀하셨습니다. 우리는 큰 줄기의 이데올로기 안에서 사랑의 변화에 관심을 갖고자 하는데, 어떻게 기독교가 사랑의 경이로운 힘을 포착할 수 있었는지, 선생님의 견해가 궁금합니다.

저는 기독교의 이러한 면모가 유대교에 의해 상당 부분 예고되었다고 생각합니다. 구약에서 사랑은, 그 가르침을 보나 묘사를 보나, 매우 중요한 위치를 차지하고 있습니다. 사랑의 신학적 의미가 무엇이건 간에, 사랑의 노래인 『아가』(Le Cantique des cantiques, 雅歌)는 단 한 번도 기술된 적이 없는 아주 힘찬 사랑의 축가 가운데 하나입니다. 기독교는 보편이라는 초월적 개념 쪽으로 사랑의 밀도를 이용하는 최상의 예를 보여줍니다.

기독교는 우리에게 말합니다. 만약 너희들이 서로 사랑한다면, 사랑 공동체의 구성원들 전원은 신성한 초월성의 다름 아닌 모든 사랑의 최초 발생지로 향하게 될 것이라고 말입니다. 따라서 여기에는, 사랑의 시련과 타자의 시련 그리고 타자를 향하는 시선을 수용하게 되면, 우리가 하느님께 빚지고 있는 사랑인 동시에 하느님이 우리에 대해 갖고 있는 이 지고의 사랑에 우리가 기여하게 되리라는 그런 사유가 드리워져 있습니다. 물론 이는 매우 기발하고도 천재적인 발상입니다.

기독교는 단순히 개인적 생존이라는 명분에서가 아니라 공동체의 최고 관심이라는 명분으로 고통을 수용하도록 제 자신에게 허용해준 이러한 힘을 전적으로 교회 — 기독교의 국가적 분신인 — 에 유리하게끔 포착해낼 줄 알고 있었습니다. 기독교는 사랑의 이 자명하게 드러나는 우연성 안에 이 우연성으로는 결코 환원되지 않는 어떤 요소가 존재한다는 사실을 완벽하게 포착하였습니다.

하지만 바로 여기에 기독교의 문제도 함께 놓여 있습니다. 기독교는 사랑을 초월성에다 곧바로 투사해버린 것입니다. 이 보편적 요소, 물론 저도 사랑에서 그것을 인식하게 됩니다만, 이 보편적 요소를 저는 내재적인 무엇으로 간주합니다. 그러나 기독교는 이 보편적 요소를 단 소간 높이 끌어올려 그 중심을 초월적인 하나의 힘 위에 다시 붙들어 매놓았습니다. 이것은 부분적으로는 플라톤에게서 이미 선이라는 관념을 통해 선보인 운동 개념이기도 합니다.

이제 우리가 지상으로 데려와야만 하는 것은, 최초이자 기발한 사랑이라는 이러한 힘의 편성입니다. 다시 말해서, 현실에 사랑의 보편적인 힘이 정말로 존재하긴 하지만, 이 힘이란, 아주 간단하게, 우리에게서 차이에 관한 긍정적이고 확정적이며 창조적인 경험을 만들어내게 될 가능성에 다름 아니라는 사실을 우리는 드러내야만 하는 것입니다. 타자는 분명 존재합니다만, "전체-타자"(Tout-Autre)나 초월성의 "대타자"(Grand Autre) 없이 존재하는 것입니다.

결과적으로 종교가(종교들이) 말하는 것은 사랑이 아닙니다. 왜냐하면 종교는 모든 것을 믿음과 교회로 향하게 하기 위해서, 그리고 이 주관적인 상태를 신의 절대적인 힘에 비추어 유리하게끔 배치하기 위해서, 오로지 제 자신만이 창조할 줄 안다고 주장하는 주관적인 상태와 강렬함의 원천에만 관심을 기울일 뿐입니다. 게다가 기독교는 제가 예찬해 마지않는, 투쟁하는 사랑과 한 세계의 분화된 탄생을 지상에서 창조하는 작업이나 매 지점을 거치며 힘겹게 얻어낸 행복 등을 수동적이고 신앙적이며 복종하는 사랑으로 대치해버리는 효과를 만들어냅니다. 무릎 꿇은 사랑은 저에게 사랑이 아닙니다. 우리가 사랑하는 여자나 남자에게 우리 자신을 완전히 내맡기고 싶은 열정에 종종 사로잡힌다 해도 말입니다.

선생님께서는 앙투안 비테즈(Antoine Vitez) 선생님과 함께 작업한 경험이 있으십니다. 특히 비테즈 선생님이 연출하신 폴 클로델의 『비단구두』(Le soulier de satin)는 그 연출로 매우 유명해졌는데, 이때 선생님께서도 함께 작업하신 것으로 알고 있습니다. 완전히 기독교로 물든 작품이라고 할 『정오의 공분』(Partage de midi)의 저자 클로델이 생각하는 사랑이 오늘날처럼 충분히 그리고 광범위하게 탈기독교화한 현대에 와서도 여전히 관심을 끌고 있는 이유는 그럼 무엇일까요?

클로델은 사랑극의 대가입니다. 『비단구두』와 『정오의 공분』은 전적으로 이러한 문제에 바쳐지고 있습니다. '성인들의 통공'(communion des saints)이나 '공덕의 전환성'(réversivilité des mérites), '내세의 구원' 따위를 직접 신봉하지는 않는 비종교적인 사람들의 경우, 그럼에도 이들이 클로델의 작품에 보인 관심은 도대체 무엇으로 설명될 수 있을까요? 여기서 저는 『정오의 공분』 마지막 부분에 등장하는 다음과 같은 문장을 떠올려봅니다. "멀리 떨어져서, 그러나 여전히 서로가 서로에게 기대면서, 우리의 영혼은 변화를 맞이하는가?"

클로델은 진정한 사랑이란 항상 불가능성의 지점을 극복한다는 사실에 매우 민감했습니다. 예컨대 "멀리 떨어져서, 그러나 여전히 서로가 서로에게 기대면서……"와 같은 표현에서 잘 드러나지요. 말하자면 사랑은 가능성은 아닌 것이며, 오히려 불가능한 무엇처럼 나타나게 만드는 무언가를 극복하는 것입니다. 존재할 이유를 갖지 않았던 무엇, 당신에게 하나의 가능성처럼 주어지지 않았던 무엇을 존재하게 만드는 것이 바로 사랑입니다. 미틱의 프로파간다가 사기라는 사실도 여기서 명확해집니다. 미틱의 프로파간다는 마치 안전한 사랑을 확보하기 위해 당신이 그 가능성들을 검토할 것이며, 그중에서 최상의 가능성을 당신이 취할 것처럼 말합니다. 하지만 실제로 이렇게 진행되지는 않지요! 모든 것이 구혼자들의 행렬이 이어지는 동화 속에서처럼 진행되는 것은 아닙니다.

　사랑의 시작은 어떤 불가능성의 극복이며, 클로델은 금지된 여인이라는 주제를 통해 불가능을 이야기한 위대한 시인입니다. 이러한 불가능성이 현세적이고 관계적이라는 사실에 비추어보면, 클로델에게는 약간의 트릭이 있습니다. 말하자면 클로델에게는 하나 대신 두 개의 "둘이 등장하는 무대"가 있는 것입니다. 그 첫 번째 무대는 둘이 현세적 불가능성을 경험하는 무대이며, 두 번째 무대는 둘이 믿음의 세계에서 서로 화해하는 그런 무대입니다.

　빼어난 언어로 두 번째 무대의 자양분을 제공해주는 첫 번째 무대에서 시적 장치들을 포착해내는 일은 매우 흥미롭습니다. 이것은 완전히 기독교적이기도 하며, 사랑의 현세적인 힘과 더불어 자신의 프로파간다를 이렇게 만들어보는 것과도 비슷합니다. "그렇다. 어떤 것들은 이런 힘에도 불구하고 불가능하다. 하지만 당신은 불안해할 필요가 없는데, 그 이유는 그렇다고 여기 이 지상에서 불가능한 것이 내세에서도 반드시 불가능할 것이라는 보장은 없기 때문이다"라고 말입니다. 매우 초보적이지만, 한편으로 매우 강력한 프로파간다인 것이지요.

사랑을 지상에 도래하게 하는, 초월성에서 내재성으로 이행하게 하려는 이 의지는 바로 역사 속에 존재해왔던 코뮤니즘의 의지이기도 하였습니다. 코뮤니스트적 가설을 다시 활성화하는 게 어떻게 사랑을 재발명하는 하나의 방법이 되는 것인지요?

사랑이라는 단어의 정치적 사용에 대해 제가 생각하는 바를 언급할 때, 저는 그것이 종교적으로 사용될 때처럼 전개된다고 말한 바 있습니다. 마찬가지로 바로 여기서 우리가 초월성에 의해 사랑의 힘을 포착하는 곳으로 귀결된다는 사실을 지적해야만 할 것입니다. 이 초월성은 신의 그것이 아니라 바로 당의 그것, 당을 통한, 당의 최고 지도자의 바로 그 초월성입니다.

"개인숭배"라는 표현은 우리가 어떻게 정치적 인물에다 공동체적 전환을 열거해왔는지를 충분히 말하고 있습니다. 시인들 또한 여기에 결부되어 있는데, 스탈린에게 바친 엘뤼아르의 찬양이나 병환에서 회복된 모리스 토레즈*가 프랑스로 다시 돌아왔을 때 아라공이 그에게 헌정한 찬가를 한번 떠올려보십시오. 저를 더 흥미롭게 하는 것은, 당 그 자체에 대한 숭배입니다. 이 점에 관해서는 "나에게 프랑스의 색채를 부여해준 것은 바로 나의 당"이라는 아라공의 말이 시사하는 바가 크다고 생각합니다.

우리는 사랑의 음조를 익히 알고 있습니다. 당에 바쳐졌건, 엘자 트리올레**에게 바쳐졌건, 그 말들은 꽤나 비슷합니다. 여기서 노동자나 대중의 해방에 동원된 과도기적인 형식, 결국 숭배로 변하게 되는 형식이라 생각할 수 있는 그런 형식이 취해졌다는 사실을 목격하는 것은 매우 흥미롭습니다. 이 모든 것을 조롱하려는 마음은 없습니다. 이 모든 것은 지속될 수는 없는, 그 비판에 대한 책임을 떠안아야 하는, 그러나 매우 강렬하고 또 그 수를 헤아리기 어려운 충실한 활동가들이 연관되었던, 정치적 열정의 한 세기였음을 대변할 뿐입니다.

하지만 그럼에도 우리가 여기서 말해야만 하는 것은 사랑이라는 주제를 정치적 열정과 뒤섞지는 말아야 한다는 것입니다. 정치적 문제는 증오를 통제하는 문제이지 사랑의 문제는 아닙니다. 증오는 거의 필연

---

* Maurice Thorez, 1900~64: 프랑스 공산당 지도자. 탄광 노동자 출신인 토레즈는 1919년 사회당에 들어갔다가 당의 분열 때문에 1920년 공산당으로 옮겼다. 1924년 중앙위원, 1925년 정치국원을 지냈으며, 1927년 '군대불복종운동'을 지도하다가 체포됐다. 1930년 이후 공산당 서기장이 되었다. 코민테른 간부로 1934년 인민전선을 주도했다.
** Elsa Triolet, 1896~1970: 마야콥스키의 처제이기도 했던 그녀는 1928년 루이 아라공의 아내가 된다. 트리올레에게 바친 아라공의 시들 중에서 「엘자의 눈」(Les yeux d'Elsa)이 유명세를 치렀다.

적으로 적에 대한 물음을 촉발하는 열정입니다.

따라서 적이 존재한다고 가정할 수밖에 없는 정치에서 우리는, 그 조직이 어떤 조직이건 간에, 조직의 역할들 가운데 하나가 증오에서 파생되는 모든 효과를 통제하고 취소하는 데 놓여 있다고 말씀드리겠습니다. 이 역할은 "사랑의 복음을 설파"하는 것을 의미하는 게 아니라 지성의 주된 문제이며, 정치적 적들에 대한 가장 선명하면서도 최대한으로 제한된 정의를 부여하는 것입니다. 아니, 적에 대한 이러한 정의는 앞선 대부분의 세기의 경우, 가장 모호하고도 가장 널리 확장되어 있는 정의이기도 합니다.

정치에서 사랑을 분리해내야 한다는 점을 말씀하시는 것인지요?

사유와 관련된 현대의 작업들 가운데 상당 부분은, 부적절하게 뒤섞여 있는 것들을 구분해내는 그런 작업입니다. 적에 대한 개념이 통제되어야 하고 제한되어야 하며 최소한으로 수렴되어야 하는 것과 마찬가지로, 차이에 대한 진리의 특이한 모험과도 같은 사랑 개념 또한 정치와는 엄밀하게 분리되어야 합니다.

제가 코뮤니스트적 가설을 말했을 때, 저는 해방의 정치에 도래해야 할 형식들이란 지양, 코뮤니스트적 사유, 사적 소유의 욕구에 지배되지 않는 세계에 대한 사유, 자유로운 결사와 평등의 세계에 대한 사유의 부활이어야만 한다는 점을 말하고자 했던 것입니다. 이 모든 것을 말하기 위해서 우리가 갖고 있는 것은 새로운 사유를 담은 철학적 도구들과 한정된 정치적 경험들입니다.

사랑은 자본주의라는 광란의 틀 속에서가 아니라, 제가 방금 말씀드린 그런 틀 속에서 자신을 재발명하는 데서 훨씬 편안함을 느낄 것입니다. 이해관계를 떠나 있는 것이라면 그 어떤 것도 자본주의의 광란에서 편안함을 느끼지 못하리라는 사실이 분명해 보이기 때문입니다. 게다가 사랑은 진리의 절차가 모두 그러하듯이, 근본적으로 이해관계를 떠난 것입니다. 다시 말해서 사랑의 가치는 오로지 그 자신 속에 머무르며, 이러한 가치는 사랑과 결부되어 있는 두 개인의 즉각적인 이해관계를 넘어서는 것입니다. "코뮤니즘"이라는 단어에 포함되어 있는 것이 사랑과 즉각적인 관계를 맺는 것은 아닙니다. 그러나 이 단어는 가능성의 새로운 조건들을 사랑에 결부시킵니다.

코뮤니스트적 정치에는 사랑이 제 분신들을 만들어내는 것이 가능한 또 다른 차원이 있습니다. 파업이라든가 그 밖의 사회운동을 바탕으로 구성된 사랑 이야기가 바로 그것입니다. 선생님께서는 이런 차원을 자주 강조하곤 하셨는데, 그것은 이러한 차원이 사랑의 위반에다 순간의 정치적 위반을 붙들어 맬 수 있게끔 허용하기 위해서였습니다. 그러면 이러한 투쟁적 사랑의 특수성은 무엇입니까?

소설가나 연출가로서 펼치고 있는 활동의 많은 부분을 여기에 할애

할 정도로 저는 이러한 사안들과 그 양상에 몹시 민감합니다. 제 연극 『붉은 스카프』(*L'Echarpe rouge*)를 예로 들어보겠습니다. 이 이야기의 얼개는 민중봉기·파업·집회 등을 동반하는 대규모 정치운동의 온갖 우여곡절 한복판에 놓여 있는 형제와 자매의, '거리를 둔 사랑'으로 구성되어 있습니다. 제 소설 『저기 고요한 진영』(*Calme bloc ici-bas*)—형식적인 골격은 빅토르 위고(Victor Hugo)의 『레미제라블』(*Les Misérables*)을 따랐습니다—에는 테러리스트 엘리자베스 캐틀리를 향한 시아파 노동자 아메드 아자미의 사랑, 이어서 아메드가 테러리스트를 살해한 뒤 입양한 아들 시몽이 골수 반동의 딸이자 시인인 클로드 오가사와를 향해 품게 되는 사랑을 한 폭의 혁명적 프레스코화처럼 에워싸고 있습니다.

어떤 경우이건, 사랑과 혁명적 참여 사이의 유사성이 아니라 사유의 영향을 받아 차츰 참여로 변해가는 삶이 획득하게 될 강렬함 그리고 사랑에서 차이의 작업을 삶에 부여하는 질적으로 상이한 강렬함, 이 둘 사이에, 주체들의 가장 은밀한 수준에서 형성되는 일종의 은밀한 반향을 명확하게 보여주자는 것이 바로 이 소설에서 제가 역점을 둔 것이었습니다. 음색이나 그 효과는 서로 완벽하게 동떨어져 있지만, 그러나 동일한 대목에 이르러서는 위대한 음악가의 지휘에 따라 신기하게도 하나로 수렴되는 그런 악기처럼 말입니다.

짤막하게 고백할 것이 하나 있습니다. 저는 이 작품들을 1968년 5월 혁명과 1980년대를 가로지르는 "붉은 몇 해들" 동안의 제 삶에 대한 평가로 생각하고 있습니다. 이 작품들에서 저는 변함없이 충실한 저의 정치적 확신을 담금질하기도 하였습니다. "코뮤니즘"은 이것들 가운데 가능한 하나의 이름일 뿐입니다. 그러나 이뿐만 아니라 저는 이 작품들에서 어떤 측면에서는 최종석이라 할, 사랑의 과정과 그 언저리에 당도하게 될 제 삶의 얼개를 그려보았습니다. 그 후의 생각도 처음의 생각과 그 생각이 지속된 정도에 따라 동일한 맥락 속에서 조명되었습니다. 앞서 언급한 바와 같이, 특히 사랑의 확신과 마찬가지로 정치적 확신은 절대로 포기되어서는 안 되는 것입니다. 제 작품들은 제 삶에서 정치와 사랑 사이의 조화를 보장해주는 음악적 화음을 발견한 그런 순간이기도 하였습니다.

6

사랑과 예술

『세기』(*Le Siècle*, 2005)에서 선생님께서는 앙드레 브르통(André Breton)의 『비법 17』(*Arcane 17*, 1947)을 언급하셨습니다. 선생님께서는 이 텍스트를 통해 20세기가 사랑이 진리의 모습으로 승격하는 위대한 시기였다는 사실을 드러내신 바 있습니다. 앙드레 브르통이 『녹는 물고기』(*Poisson soluble*)에서 "예술을 사랑의 다름 아닌 아주 간단한 제 표현"[1]으로 환원하려 할 때, 그는 대체 무얼 말하고자 한 것일까요?

초현실주의의 핵심적인 제안은 우리가 첫머리에서 말한 것이기도

---

1) *Si vous aimez l'amour… Anthologie amoureuse du surréalisme*, réunis par Vincent Gille, préface d'Annie Le Brun, Syllepse, 2001 참조.

한 그런 제안, 다시 말해서 랭보의 주문에 따르는 것, 즉 사랑을 재발명하자는 그런 제안입니다. 이러한 재발명은 초현실주의자들에게는 서로 분리될 수 없는 예술적 몸짓이자 실존적 몸짓이며, 정치적 몸짓입니다. 그들은 이 세 가지 몸짓을 분리하지 않았습니다.

예술에는 매우 강력한 어떤 지점이 있는데, 예술이 사건에 정당성을 부여해주는 지점이 그것입니다. 더욱이 이것은 사건들의 정의 가운데 가능한 하나이기도 합니다. 정치에서 사건들은 일이 벌어진 이후의 이야기들에 의해 분류됩니다. 하지만 오직 예술만이 사건들의 강렬한 힘을 완벽하게 복원하고 또 복원하고자 시도할 뿐입니다. 오직 예술만이 어떤 만남, 어떤 봉기, 어떤 소요인 것을 감지하는 그런 차원을 복원해냅니다.

예술은 제 모든 형식 속에 사건 그 자체를 담아내는 위대한 사유입니다. 하나의 위대한 그림은 드러난 것으로는 환원되지 않는 무언가를 자기 고유의 방법을 통해 포착해냅니다. 이때, 잠재적 사건은 이미 드러난 것에 스며들어 도래한다고 말할 수 있겠습니다. 이러한 관점에서 브르통은, 사랑은 예컨대 한 사건이 존재에 스며들어 도래하는 순간이기 때문에, 관계가 사랑과 매우 밀접하다는 사실을 상기합니다.

"미친 사랑"*은 바로 이것을 설명합니다. 왜냐하면 사랑은 법으로는 전혀 환원되지 않기 때문입니다. 사랑의 법칙은 존재하지 않습니다.

---

* 앙드레 브르통의 시집 제목.

더욱이 예술은 사랑의 비사회적인 특성을 빈번히 대변해왔습니다. 대중적인 격언이 말하는 것처럼, 결국 "사랑하는 사람들은 세상에 홀로"인 것입니다. 그들은, 그들이 세상을 경험하는 바로 순간부터 차이를 홀로 위탁받은 자들입니다.

초현실주의는 법을 벗어난 사건적인 힘으로서의 이 미친 사랑에 열광하였습니다. 사랑에 관한 사유, 그것은 모든 질서에, 법질서의 힘에 대항하여 만들어지는 사유에 다름 아닙니다. 초현실주의자들은 바로 여기서 언어 속에서와 마찬가지로 존재―제가 강조하는―속에서 하나의 시적 혁명을 전개하고 자신들의 의지를 살찌워나갈 무언가를 발견하였습니다. 이런 관점에서 볼 때 이들은 원칙으로서 그리고 존재 안에서 혁명을 가능하게 할 구체적인 재료로서 사랑과 섹슈얼리티에 관심을 기울였던 것입니다.

그러나 초현실주의자들은 지속에는 별 관심을 보이지 않았습니다. 초현실주의자들은 사랑을 특히 환상적인 방식으로 이루어지는 만남의 시처럼 제안할 뿐이었습니다. 예를 들어, 거리 모퉁이에 있는 미친 사랑이 될 『나자』(Nadja, 1928)는 우리에게 불확실하고 신비로운 만남의 시학을 눈이 부시도록 빼어난 방식으로 보여줍니다. 이 작품에서 우리는 계산과는 완전히 대립되는, 순수한 만남 속에 놓이게 됩니다. 하지만 지속성을 확보하거나 영원성의 차원에서 그런 것은 아닙니다.

어떤 철학자들은 영원성도 어찌 보면 순간이었다고 주장합니다. 이러한 사유는 이미 그리스 사상에서 발견되는 것이기도 합니다. 영원성의 유일한 시간적 차원은 바로 순간이라는 겁니다. 또 이게 바로 브르통에게는 합당한 이유가 되었겠지요.

물론 기적적인 만남의 순간은 사랑의 영원성을 약속합니다. 하지만 저는 덜 기적적이면서 훨씬 더 '힘들여 노력하는' 영원성의 개념, 다시 말해 단계별로 집요하고 끈덕지게 이루어진 시간적 영원성의 구축, 둘의 경험의 구축을 제안하고자 시도하는 것입니다. 저도 만남의 기적을 인정합니다. 하지만 우리가 만남을 고립시켜버리거나 매 지점에서 구축된 진리의 저 힘들여 노력한 미래로 그 방향을 돌려놓지 않는다면, 만남의 기적은 초현실주의 시학에만 속하게 될 것이라고 생각합니다.

여기서 "힘들여 노력하는"이라는 말은 긍정적인 의미에서 취해졌습니다. 단지 기적만 있는 것이 아니라, 사랑에는 주된 업무도 있는 것입니다. 늘 활동 상태에 놓여 있어야 하며, 주의해야 하고, 저 자신이나 타자와 함께 결집되어야 하는 것입니다. 생각하고, 행동하고, 변형시켜야만 하는 것입니다. 그럴 때, 힘들여 노력한 일의 내재적 보상으로서 바로 행복이 존재하게 됩니다.

그렇다고 한다면 사랑과 관련하여 선생님께서 사뮈엘 베케트(Samuel Beckett)를 자주 참조하시는 것은 좀 이상해 보입니다. 사실 베케트의 작품이 행복을 지향하는 것은 아니라고 할 수 있을 텐데 말입니다. 허무주의적이고 염세적이기로 정평이 난 베케트의 작품이, 사랑의 다름 아닌 "둘이 등장하는 무대"와 어떻게 연관되는지요?

선생님께 말씀드린 것처럼, 사랑의 지속에 따르게 마련인 시련과 관련된 작품은 문학에서는 상대적으로 몹시 드뭅니다. 매우 충격적이기도 한데, 연극을 한번 살펴보지요. 선생님께서 지금 가족 세계의 전제적 횡포에 대항하고자 하는 젊은 연인들의 다툼——아주 전형적인 주제이기도 합니다——을 다룬 연극을 보고 있다고 가정할 경우, 이 연극에 등장하는 젊은 연인들은 죄다 마리보의 연극『사랑의 승리』(*Le Triomphe de l'amour*)의 '자막'이라고 여길 수 있을 정도라고 말해두어야 하겠습니다. 상당수 작품들이 어떻게 젊은이들이, 종종 하인이나 또 다른 공범의 도움을 받아 늙은이들을 속여먹고 드디어 자신들이 목적한 바, 즉 결혼에 이르게 되는지를 이야기하는 것은 바로 이 미라보의 작품을 모델로 삼은 것입니다. 이 경우 사랑의 승리는 쟁취되겠지만, 그렇다고 사랑의 지속이 확보되는 것은 아닙니다. 고작 만남의 줄거리라고 우리가 부를 수 있을 무언가를 얻게 될 뿐입니다.

중요한 작품들, 위대한 소설들은 자주 사랑의 불가능성, 사랑의 시련, 사랑의 비극, 사랑의 이탈, 사랑의 이별, 사랑의 목적 등을 토대로 집필됩니다. 하지만 긍정적인 지속성에 대해서는 별것이 없습니다. 심지어 실제로 부부의 속성이 위대한 작품들을 야기한 것은 아니라는 사실마저 목격됩니다. 부부의 속성이 예술가들에게 영감을 불러일으킨 것은 아니라는 점은 명확해 보입니다. 구체적으로, 베케트에게는 절망의 작가라든지, 불가능의 작가라든지, 아니면 이런 주제와 관련된 특별한 무엇이 그에게 있다고 말하곤 하는 바로 그런 것이 존재합니다.

어느 늙은 커플의 이야기를 담고 있는 작품 『오! 아름다운 날들이여!』(Ô les beaux jours)를 예로 삼아보지요. 이 작품에서는 오로지 여자만 볼 수 있을 뿐입니다. 남자는 무대 뒤에서 서성이는 중이며, 또 모든 것은 황폐해집니다. 바닥에 깊숙이 파묻혀 있는 여자는 그러나 "이 얼마나 아름다운 날들이었던가!"라고 말합니다. 그녀가 이렇게 말하는 것은 사랑이 항상 거기에 있다고 생각하기 때문입니다. 사랑은 제 존재를 끔찍한 모습으로 구성해내는 힘차고 가변적인 요소인 것입니다. 사랑은 이러한 끔찍함 뒤에 감추어진 어떤 힘입니다.

'이제 그만'(Assez)이라는 제목의, 매우 찬란한 짤막한 텍스트에서 베케트는 산과 사막이 조금씩 뒤섞인 풍경을 배경 삼아 아주 늙은 커플의 방황에 관한 이야기를 풀어놓습니다. 이야기는 사랑과 이 늙은 커플의 지속성에 대한 내용으로 이루어졌는데, 그러나 한편으로 이 작품은 육체의 참담함, 존재의 단조로움, 나날이 증가하는 섹스의 어려움 따위를 조금도 감추지 않습니다. 텍스트는 이 모든 것을 이야기하는 한편, 결국에는 빛을 발하는 사랑의 힘과 사랑을 구축하도록 지속시키는 끈질김의 체제 아래에 이야기를 위치시키는 데 성공합니다.

지금 선생님께서 연극을 거론하고 계시기 때문에 드리는 말씀입니다만, 유년 시절 이래로 선생님을 떠나지 않는, 연극을 향한 선생님의 매우 특이한 사랑에 대해서 한번 말해볼까 합니다. 현대판 스카팽*이 등장하는『아메드』(Ahmed) 3부작을 집필하시기 전, 젊은 시절 선생님께서는 몰리에르의

『스카팽의 간계』(*Les Fourberies de Scapin*)에서 주연을 맡으신 적이 있습니다. 연극에 대해 선생님께서 품고 계신 이 한결같은 사랑의 본질은 무엇인지요?

저에게 연극을 향한 사랑은 매우 복잡하고도, 전적으로 타고난 그런 사랑입니다. 연극을 향한 저의 사랑은 분명 철학을 향한 사랑보다 더 강렬할 것입니다. 철학을 향한 사랑은 나중에, 훨씬 천천히 그리고 어렵사리 찾아들었습니다. 제 생각에 연극에서 저를 매료시키는 것은, 제가 젊었을 때 그리고 무대 위에 올랐을 때, 언어와 시라고 할 무언가가 거의 설명이 불가능한 방식으로 몸에 연관되어 있음을 느끼게 되는 즉각적인 감정입니다. 예컨대 연극은 어쩌면 이미 저에게는 훗날 사랑이 될 어떤 모습이기도 했던 것인데, 왜냐하면 연극은 사유와 육체의 구분이 불가능한 바로 그런 순간이었기 때문입니다.

연극에서 이 둘은 "이건 육체적인 거야"라거나 "이건 관념적인 거야"라고 우리가 일반적으로 말하곤 하는 방식과는 전적으로 다른 어떤 것 앞에 노출되었습니다. 정확히 우리가 누군가에게 "난 너를 사랑해"라고 말할 때처럼 둘의 혼합, 언어에 의한 육체의 포착이 존재합니다. 우리는 우리 앞에서 살아 있는 누군가에게 이렇게 말하지만, 그 순간 우리는 단순히 물질적인 존재로는 환원되지 않는, 아니 오히려 물질적

---

* 몰리에르의 희곡에 등장하는 교활한 하인.

인 존재를 넘어서는 동시에 그 안에 있는 무엇인가에 호소합니다.

연극은 원래 이런 것입니다. 연극은 몸으로 이루어진 사유, 몸으로-이루어진-사유입니다. 사유에 또 다른 의미 하나를 추가할 수 있을 듯합니다. 왜냐하면 연극에는 우리가 익히 알고 있듯 반복이 존재하기 때문입니다. 이를테면 연출가들은 "다시 한 번 합시다"라고 자주 말합니다. 어떤 사유가 공간 그리고 몸짓과 맺고 있는 관계는 복잡합니다. 그것은 즉각적인 동시에 계산되어 있어야 합니다.

욕망이 즉각적인 힘이라면, 사랑은 정성과 재연(再演)을 요구합니다. 사랑은 반복 체제를 인식하고 있습니다. "아직도 나를 사랑한다고 말해줘"라든가 아주 빈번하게 "더 나은 말로 사랑한다고 해줘"가 그것입니다. 욕망도 항상 되풀이됩니다. 완전히 사랑에 사로잡힌 상태에서 애무를 하다가 우리는 흔히 "좀 더! 좀 더!" 하는 말을 듣게 됩니다. 말이 실행하는 주장과 새로운 선언을 통해 몸짓의 요구가 지속되는 바로 그런 지점입니다. 우리는 연극에서 사랑놀이에 대한 물음이 결정적이며, 모든 것이 정확히 선언의 문제라는 사실도 알고 있습니다. 마찬가지로 이러한 사랑의 연극, 이러한 사랑과 우연의 놀이가 존재하기 때문인데, 적어도 저에게 그것은 아주 강력한 사랑의 연극입니다.

이러한 관점은 1984년 아비뇽 연극 페스티벌에서 조르주 아페르기스(Georges Aperghis)의 음악에 맞추어 선생님의 오페라 『붉은 스카프』를 무대에 올렸던 연출가 앙투안 비테즈가 옹호했던 입장이기도 합니다. 앙투안 비테즈는 "내가 무대에 올리고자 원해왔던 것도 늘 이와 같은 것이었다. 관념들의 폭력적인 힘을 보게 하는 것, 관념들이 어떻게 육체를 굴복시키고 고문하는지를 나는 드러내고자 하였다"고 기술한 바 있습니다. 페스티벌의 프로그램에 적혀 있는 이 부분을 기억하고 계신지요?

물론이지요. 아실지 모르겠지만, 포르투갈 시인 페소아(Pessoa)는 "사랑은 하나의 사유다"라고 말합니다. 얼핏 보면 매우 역설적인 말처럼 들립니다. 왜냐하면 일반적으로 사랑 그것은 육체이며 욕망이자 감정의 움직임이며, 좀 더 정확하게는 이성과 사유가 아닌 모든 것이라고 말하기 때문입니다. 그런데 이 시인은 "사랑은 하나의 사유"라고 말합니다. 저는 이 말이 옳다고 믿습니다. 저는 사랑은 하나의 사유이며, 앙투안 비테즈가 말한 것처럼 이러한 사유와 몸 사이의 관계는 아주 특이하며, 필연적인 어떤 폭력으로 늘 각인되어 있다고 생각합니다.

우리는 삶에서 이러한 폭력을 경험합니다. 사랑이 우리의 몸을 복종하게 만들고 거대한 고통을 유발한다는 것은 실제로 사실입니다. 사랑, 우리가 매일 보는 그 사랑은 유유자적 평화롭게 흐르는 커다란 강이 아닙니다. 비록 소름끼치는 순간이 지나간다 해도, 우리는 자살이나 살인으로 귀결된 수많은 사랑을 잊을 수는 없습니다.

연극에서 사랑은, 단순히 그리고 근본적으로, 가벼운 섹스 코미디나 천진난만한 정사만을 뜻하는 것이 아닙니다. 그것은 또한 비극이고 포기이며 분노이기도 합니다. 연극과 사랑의 관계는 또한 주체들을 분리해내는 심연의 탐험이며, 외로운 두 사람 사이에 사랑이 펼쳐놓은 가교의 그 연약함에 대한 묘사입니다. 성(性)을 지닌 두 육체 사이를 왕복하는 무엇처럼 드러나는 사유가 무엇인지를 묻는 지점으로 우리는 늘 되돌아와야만 합니다. 여기서, 사랑이 없다면 연극이 대체 무엇에 대해 말할 수 있는지를 물어보신 선생님의 앞선 질문이 정당성을 확보하게 되는 것도 바로 이러한 사실 때문이라는 점을 언급할 필요가 있습니다.

물론 연극은 정치에 대해 말할 수 있을 것이며, 또 상당수는 그렇게 해온 것도 사실입니다. 아니, 연극은 정치이자 사랑이며, 더 일반적으로는 이 둘의 교차라고 하겠습니다. 게다가 비극이 정치와 사랑을 교차시킨다고 말하는 것이 오히려 비극의 가능한 정의라고 할 수 있습니다. 그러나 연극의 사랑은 불가피하게 사랑의 사랑인데, 그 이유는 사랑 이야기 없이는, 또한 가족이라는 제도에 대항하여 사랑을 쟁취하고자 하는 자유의 투쟁 없이는, 연극은 사실 별것 아니기 때문입니다. 몰리에르의 희극과 마찬가지로 고대 연극은 매우 근본적인 방식으로 우연히 만나게 된 젊은이들이 어떻게 부모에 의한 정략결혼 음모를 무위로 돌리는 데 성공하는지를 우리에게 보여줍니다.

가장 흔하고 또 가장 자주 사용되곤 하는 연극적 갈등은 필연적인 법칙에 맞서는 우연적 사랑의 투쟁입니다. 좀 더 상세히 말하자면, 이것은 교회나 국가의 도움을 받은 늙은이들에게 맞서 대항하는, 프롤레타리아(노예나 하인)의 도움을 받은 젊은이들의 투쟁입니다. 그러면 선생님은 제게 이렇게 말씀하시겠지요. "자유가 승리를 거두었고, 정략결혼은 더 이상 존재하지 않으며, 커플은 순수한 창조물이 되었다"고 말입니다. 하지만 이게 정말로 그런지는 확신할 수 없습니다. 자유라고요? 이게 정확히 어떤 자유를 의미하지요? 무엇을 대가로 얻는 자유인가? 제 자유의 확연한 승리를 위해 사랑은 어떤 대가를 지불하였는가? 바로 이런 것들이 진정한 물음입니다.

선생님께서 배우나 스태프들과 어울려 극단생활을 하신 적이 있기 때문에 드리는 말씀입니다만, 연극을 향한 선생님의 사랑에는 공동체와 집단, 전체에 대한 사랑이 있지 않은지요? 연극은 박애의 영역에 속할 사랑을 담지하고 있지는 않은가요?

그렇습니다. 연극에는 물론 이러한 사랑이 존재합니다. 연극은 집단적인 것이며, 박애의 미적 형태라 할 수 있습니다. 제가 모든 연극 속에는 코뮤니스트적인 무엇이 있다고 감히 주장할 수 있는 까닭도 바로 이 때문입니다. "코뮤니스트"라는 말에서 저는 이기주의보다 '공통의 무엇'(encommun)을, 사적인 이익보다 공동체적인 행동을 더 우월한 것으로 만들어주는 모든 변화를 듣습니다. 이렇게 말할 수 있겠습니다. 저처럼 어떤 사랑의 진정한 주체가 사랑을 구성하는 개인들의 만족이 아니라 커플의 변화라고 인정한다면, 사랑은 이런 의미에서 코뮤니스트적이라고 할 수 있다는 것입니다. 사랑에 대한 가능한 정의 가운데 하나는 바로 "최소한의 코뮤니즘"일 것입니다.

연극으로 다시 돌아오겠습니다. 저를 놀라게 하는 것은 순회공연을 떠나는 연극 공동체 집단이 몹시도 불안정하다는 것입니다. 제가 지금 생각하는 것은 공동체를 해체해야 하는 아주 특이하고도 가슴 아픈 그 순간들입니다. 예를 들어보지요. 순회공연을 합니다. 그리고 한 달가량의 시간을 함께 삽니다. 그 이후, 어떤 주어진 순간에 우리는 결국 헤어지게 됩니다. 연극은 바로 이러한 이별의 시련이기도 합니다. 연기와 그 주위로 박애가 해체되는 그런 순간들을 맞이하여 커다란 멜랑콜리가 찾아옵니다. "내 휴대폰 번호야! 우리 꼭 서로 연락하자" 같은 약속이 무얼 뜻하는지 선생님은 알고 계실 겁니다. 그렇지만 실제로 서로 연락하는 일은 거의 없습니다. 그것은 마지막인 것이고, 결국 서로 헤어집니다.

헤어짐에 대한 물음은 사랑을 헤어짐에 대항하여 성공한 어떤 투쟁으로 정의할 수 있을 만큼 사랑에서 매우 중요한 위치를 차지합니다. 이는 사랑의 공동체도 마찬가지로 불안정하기 때문이며, 더욱이 이 공동체를 유지하고 전개해나가기 위해서는 전화번호 그 이상에 해당되는 무엇인가가 요구되기 때문이기도 합니다.

연극을 향한 사랑과 관련해 묻고 싶은 게 더 있습니다. 선생님께서 예전에 그랬고, 지금도 어쩌면 섬세한 '아메드'나 철학자 '아메드'의 독백을 무대 위에 펼쳐 보이며 다시 한 번 도전해보고 싶어 하실는지도 모를 그런 배우의 관점에서 볼 때, 연극의 사랑은 무엇이 될 수 있다고 생각하시는지요?

그것은 언어를 대가로, 관념을 대가로 해서 자기 고유의 육체를 표출하는 것에 대한 특이한 사랑이라고 생각합니다. 선생님께서 잘 알고 계시겠지만, 그 겉모습과 연기에 적대감을 품고 있는 경우라 해도, 철학자는 어떤 면에서 모두 배우입니다. 왜냐하면 그리스의 위대한 선조들 이래로 우리는 대중 앞에서 말하기 때문입니다. 따라서 철학에는 항상 자신을 공개해야 하는 부분이 존재하는데, 바로 이런 부분이 철학의 구술적인 측면——글의 이름으로 구술성에 맞서 투쟁하였던, 그럼에도 뛰어난 배우로서의 면모를 보여주었던 자크 데리다와 제가 논쟁을 벌였던 개념도 바로 이것이었습니다——이 육체에 의한 포착이자 그것의 전환작용이라는 사실을 만들어냅니다.

사람들은 철학자는 착각을 불러일으키는 자들이라며 강도 높게 비난해왔습니다. 철학자는 사람들을 인위적인 방법으로 현혹하며, 유혹의 경로를 통해 우리를 있을 법하지 않은 진리의 곁으로 유인한다고 비난해 마지않았던 것입니다. 플라톤의 『국가』(차후에 제가 매우 특이한 완역본 "번역"을 제안할 이 엄청난 저서) 제5권에는 무척 놀라운 대목이 등장합니다. 이 대목에서 소크라테스는 진정한 철학자가 무엇인지 정의하려고 시도합니다. 그러다 그는 아주 갑작스레 주제를 바꾸어버립니다. 다음은 이 대목(소크라테스의 말로 시작합니다)을 제가 번역한 것입니다.

내가 자네에게 상기하려는 바는, 자네 안에는 추억담이 극도로 생생하게 스며들어 있다는 것이라네. 우리가 사랑이라는 대상에 대해 말하고자 할 때, 우리가 연인이라면, 이 대상을 총체적으로 사랑한다고 그렇게 말할 수 있을걸세. 자신의 사랑이 총체의 한 부분을 택하거나 다른 것으로 바뀌는 걸 용납할 수 없다는 말이지.

그러자 두 젊은이는 크게 놀란 듯하였다. 소크라테스의 말에 갈팡질팡하는 저들의 감정을 말로 표현한 건 아만타였다.

— 존경하는 소크라테스 선생님! 그렇다면 사랑의 이 실행적인 부분과 철학자의 정의 사이에는 어떤 관계가 있는 것입니까?

— 이런 사랑에 넋 나간 젊은 녀석들하고는! 너희들은 포르투갈의 시인 페르난도 페소아가 말한 "사랑이 하나의 사유"라는 걸 알아차릴 능력이 없는 놈들이로구나. 내 이 페르난도 페소아의 말을 젊은 너희들에게 직접 이르노니, 그것은 바로 "사랑으로 시작되지 않은 것은 결코 철학에 이르지 못할 것"이라는 뜻이노라.*

---

* 이 대목과 관련된 내용은 다음과 같다.

"어떤 사람이 뭔가를 사랑한다고 우리가 말할 경우에, 이에 대해 옳게 말하려면, 이 사람이 그것의 일부는 사랑하되 일부는 사랑하지 않는 게 아니라, 그 전부를 좋아한다고 말해야만 된다는 것, 자네로 하여금 굳이 상기하도록 해야만 하는가, 아니면 그걸 자네는 기억하고 있는가?" 내가 물었네.
"상기하도록 해 주셔야만 될 것 같습니다. 전혀 생각이 미치지 않기 때문입니다." 그가 말했네.
"글라우콘! 자네가 지금 하고 있는 말을 다른 사람이 했다면, 그건 적절했겠네. 그 바로 이렇습니다. 우리는 우리의 위대한 스승을 따라야 하는 것입니다. 사랑에서 시작해야 하는 것입니다. 우리 철학자들이 다양한 방법을 갖추고 있는 건 아닙니다. 만약 우리에게서 유혹의 방법을 걷어가 버린다면, 우리는 정말로 무장해제되고 마는 것이지요. 배우가 된다는 것은 바로 이런 의미에서입니다. 물론 궁극적으로는 하나의 진리인 그 무엇의 이름으로 유혹하는 것이지요.

러나 사랑에 민감한(애정이 강한: erotikos) 사람이 이런 걸 잊고 있다는 것은 적절하지가 않으이. 즉 한창때인 모든 소년이 소년을 사랑하는 애정이 강한 사람을 자극하고 동하게 하여, 모두가 그의 관심거리로, 반길거리로 여긴다는 걸 잊고 있다는 것은 말일세. 혹시 여러분은 아름다운 소년들에 대해 그렇게 대하지 않습니까? 사자코이기 때문에 호감이 가는 소년으로 불리며 여러분한테 칭찬을 받게 되는가 하면, 다른 소년의 매부리코는 임금 같다고 여러분은 말하고, 이들의 중간인 소년은 가장 균형이 잘 잡혔다고 하며, 검은 소년들은 남자다워 보인다고 하는가 하면, 흰 소년들은 신들의 아이들이라 말합니다. 벌꿀 색이라는 명칭도, 소년이 한창때일 경우에, 그 창백함을 미화시켜 그럴싸하게 부르는 연인이 지어낸 것이 아니고 다른 누가 지어낸 것으로 자넨 생각하는가? 한마디로 말해서, 여러분은 온갖 핑계를 다 갖다 대며 온갖 소리를 다 하며, 한창 꽃피는 나이의 소년들 중의 누구도 거부하지를 않습니다." 내가 말했네.(플라톤, 『국가·政體』, 박종현 옮김, 서광사, 1997, 367쪽)

바디우는 플라톤을 자신의 철학적 관점에 따라 완전히 새롭게 재구성한 자신의 번역을 하이퍼-번역(hyper-traduction)이라고 말한 바 있다.

7
결론

다시 발명되고 지켜내야만 하는 사랑으로 다시 돌아오고자 합니다.『사르코지는 무엇에 대한 이름인가?』에서 선생님께서는 사랑의 재발명이 상업적 음란성과 지리멸렬한 현재의 좌파에 저항하는, 그 가능한 지점들 중 하나라고 주장하셨습니다. 그렇다면 어떻게 사랑이, 선생님의 지적에 따르자면 현재 프랑스 대통령이 바로 그 상징인, 이 세계에 맞서고 저항하는 구심점들 가운데 하나를 구축해낼 수 있습니까?

프랑스가 혁명의 나라인 동시에 거대한 반동의 땅이기도 하다는 사실을 이해하는 것이 무엇보다 중요하다고 생각합니다. 이러한 사실은 프랑스를 이해하는 데 필요한 변증법적 요소들 가운데 하나이기도 하지요. 제 외국인 친구들과 저는 이 주제를 놓고 자주 논쟁을 벌이곤 했는데, 왜냐하면 제 친구들은 항상 혁명적 창안과 결부된, 환상적인 프랑스라는 일종의 신화에 집착하는 경향이 적지 않았기 때문입니다. 그렇기 때문에 이러한 관점에 부합할 리 없는 사르코지의 당선을 보고서 제 친구들은 적잖이 놀랐습니다.

저는 그들에게 너희들은 계몽주의 철학, 루소, 프랑스대혁명, 1848년 6월혁명, 파리 코뮌, 인민전선, 레지스탕스, 해방과 1968년 5월혁명으로 이어지는 역사적 맥락 속에서 프랑스의 역사를 보고 있다고 대답해주었습니다. 아주 훌륭한 것이지요. 그러나 문제는 또 다른 프랑스의 역사가 존재한다는 데 있습니다. 즉 1815년 왕정복고, 베르사유 조약, 1914년 제1차 세계대전 동안의 신성동맹,* 페탱 정부,** 소름끼치는 식민지 전쟁…… 그리고 사르코지를 축으로 한 역사가 바로 그것입니다. 이를테면 서로 얽히고설킨 두 개의 역사가 프랑스에 존재한다고 볼 수 있는 것이지요.

위대한 혁명적 열정들이 분노를 터뜨리기도 하고, 강박적 집착을 보

---

* 푸앵카레는 평생의 정적이던 조르주 클레망소의 영향력 아래 있던 좌파의 반대를 무릅쓰고 대선에 출마하여 1913년 1월 17일 대통령으로 당선되었다. 대통령직은 거의 실권이 없는 자리였지만 푸앵카레는 대통령직에 새로운 활력을 불어넣음으로써 그 자리를 좌파·중도파·우파 간 신성동맹(神聖同盟)의 토대로 만들기를 희망했다. 제1차 세계대전 내내 푸앵카레는 국가의 단결을 유지하고자 심혈을 기울였다.
** 1940년 6월 13일 독일군의 파리 점령으로 페탱 장군은 22일 히틀러와 정전 협정을 맺고 나치에 협력할 것을 서약한 뒤 북부 프랑스를 독일에 양도했으며, 남부 프랑스에는 휴양지로 유명한 비시를 수도로 하여 비시 괴뢰 정부(Gouvernement de Vichy, 1940~44)를 수립한다.

이는 반동세력이 이들에게 응수하기도 하는 것은 바로 이 두 가지 역사 위에서입니다. 저는 사랑도 이 두 가지 역사와 무관하지 않다고 생각합니다. 더구나 사랑은 언제나 역사적 사건들과 밀접하게 결부되어 있기도 하였습니다. 사랑을 노래하는 낭만주의는 19세기의 혁명과 밀접히 관련되어 있습니다. 브르통 역시 인민전선, 레지스탕스, 반파시스트 투쟁에 직접 관여했습니다. 1968년 5월혁명은 섹슈얼리티와 사랑에 대한 새로운 개념을 시도했던 거대한 폭발이었습니다.

이와 달리, 전반적인 상황이 의기소침한 상태에서 복고반동으로 흐를 때 관건으로 부각되는 것은 바로 정체성입니다. 여러 가지 상이한 형태를 취할 수도 있겠지만, 관건은 결국 정체성이 되고 맙니다. 사르코지가 포기하지 않는 것도 바로 이 정체성입니다. 타깃 넘버원＝외국의 이주노동자들. 도구＝냉혹하고 억압적인 입법. 사르코지는 이미 내무부 장관 시절에 이러한 입법을 실행한 적이 있습니다. 프랑스의 정체성을 서구의 정체성만으로 여기는 정치적 발언들이 선보이고 있습니다. 사르코지는 "아프리카 사람"에 대해 식민지 프로그램을 내세우는 것을 주저하지 않습니다. 반동적인 제안은 늘 보호해야 할 것은 "우리들만의 가치"라고 말하며, 유일하게 가능한 정체성으로 여기는 세계화한 자본주의의 일반적인 틀 안에 우리를 쑤셔넣고자 하는 그런 제안입니다.

반동세력이 주제로 삼는 것은 어떤 형식 속에서건, 아주 갑작스레 등장하는 정체성에 관련된 주제입니다. 주제가 정체성의 논리로 일관

될 때, 사랑은 필연적으로 위협받게 됩니다. 차이를 위해 우리는 이러한 논리의 경향, 그것의 비사회적인 차원과 야만적이고도 경우에 따라 폭력적이기도 한 면면에 이의를 제기할 것입니다. 우리는 모든 면에서 안전을 주장하고, 안전하려는 모든 행보에 완벽하게 부합하는 그런 "사랑"을 폭로할 것입니다. 법을 위반하고 법에 이질적인 것들 안에서 사랑을 보호하는 것, 이것이 바로 지금 요구되는 임무입니다. 최소한, 우리는 사랑에서 차이를 의심하는 대신 차이를 신뢰하고 믿을 것입니다. 반동은 언제나 동일성의 이름으로 차이를 의심합니다. 그리고 이것이 바로 반동의 일반적인 철학적 좌우명입니다.

이와 반대로 우리가 차이에 그리고 차이와 연루된 모든 것들에, 공동체가 전 세계의 공동체가 될 수 있다는 사실을 제기할 수 있다면, 실천 가능한 개인적 경험의 지점들 중 하나는 사랑의 보호가 될 것입니다. 차이를 만들어내고, 고유하며, 반복을 전혀 동반하지 않고서, 고정되지 않고 낯선 무언가에 대한 사랑을 반복의 자기 정체성에 대한 숭배와 대립시켜야만 합니다. 저는 1982년 『주체 이론』(*Théorie du sujet*)에서 "당신이 결코 두 번 보게 되지는 않을 것을 사랑하시오"라고 쓴 적이 있습니다.

바로 이런 의미에서 볼 때, 우리 대화의 제목에 영감을 준 장-뤼크 고다르의 칸타타 형식의 영화 「사랑 예찬」은 사랑과 저항 사이에 밀접한 관계와 그 상응의 고리를 확립했다고 생각됩니다.

물론입니다. 고다르는 늘 순간 이후의 역사적 순간, 창조의 지점뿐만 아니라 저항의 지점이 될 수 있다고 스스로 높게 평가하는 것, 그리고 더 일반적으로는, 고다르 자신이 보기에 하나의 이미지를 구성하는 데 필요하다고 여길 만한 것들을 자기 작품에 기록합니다. 지금 말씀드리는 것은 고다르에게 아주 근본적인 사랑에 관한 개념이기도 한데, 제가 보기에 고다르는 강력하고도 동시에 엄격한 섹슈얼리티의 개념 그 사이에 사랑을 배치하는 것처럼 보입니다. 주로 여성들이 당사자인, 순전히 사랑 때문에 야기된 긴장은 여성들을 결집시키거나 또는 그 긴장이 부여하는 권위를 여성들이 수용할 정도라고 본다면, 모든 남자들에게는 하나의 시련이 됩니다.

얼마 전 저는 고다르와 함께 작업을 한 바 있습니다. 고다르의 차기 작품에서 저는 어쩌면 호화 유람선 횡단에 참여한 철학자-강연자 역할을 맡아 한 장면에 출연하게 될지도 모르겠습니다. 아닐 수도 있고요. 어쨌든 촬영된 모든 내용을 이 예술가가 마지막에 가서 어떻게 할지는 아무도 모르는 것이니까요. 가까이에서 일하면서 저는 고다르 특유의 정확성과 엄격함에 감탄했습니다. 고다르에게는 사랑이 거의 모든 문제의 핵심으로 자리 잡습니다. 그러나 제가 관찰한 바에 따르면 사랑과 저항 사이의 접속에서 고다르와 저의 차이는 바로 멜랑콜리인데, 이것은 고다르에게 모든 것의 색깔을 의미하는 핵심이기도 합니다. 반면, 저는 사랑과 관련된 것을 포함하여 이 주관적인 채색에서 치유할 수 없을 만큼 멀리 떨어져 있습니다.

『피플』에 대한 턱없는 환호, 텔레비전 방송으로 변한 올림푸스 산에 대한 이 새로운 숭배현상이 오로지 정치적 속임수와 결부되어 있거나, 사랑의 강렬함에 대한 대중적 지식을 드러내는 사랑 이야기의 매력을 증명한다고 생각하시는지요?

이 현상은 두 가지 상이한 방식으로 이해될 수 있습니다. 정치적 틀에서 보면 즉각 사기나 마찬가지라는 결론을 내리실 수 있을 겁니다. 이런 이야기들은 사람들을 웃기고 현혹하면서, 핵심적인 사안들과는 완전히 다른 방향으로 사람들을 돌려놓습니다. 카를라가 세실리아를 이어받았다는 게 정치와 무슨 관계가 있겠습니까?* 아무 관계도 없는 것은 자명해 보입니다. 하지만 우리는 우리 자신에게 몇 가지 물음을 던지면서 이 에피소드에서 만들어진 광고를 또 다른 방식으로 읽어낼 수 있습니다. 예컨대 이런 물음입니다. 그런데 왜 이렇게 흥행하는 거지?"와 같은 물음 말입니다. 그 까닭은 사랑 이야기 속에 우리의 관심사를 끄는 특유의 무엇이 존재하기 때문입니다.

우리는 높은 곳에 있는 사람들의 사랑이 낮은 곳의 사람들로 향하도록 연출되어온 것을 늘 보아왔습니다. 왜 그럴까요? 이 물음에 대한 대

---

* 니콜라 사르코지 프랑스 대통령은 취임 6개월 만에 두 번째 부인인 이탈리아 모델 출신 세실리아와 이혼한 뒤, 슈퍼모델에서 가수로 변신한 이탈리아 출신의 카를라 브루니와 연인관계가 된다. 프랑스 언론은 사르코지의 이 연애 스캔들을 연일 보도하였다. 카를라 브루니는 사르코지의 세 번째 부인이 됐으며, 그런 뒤에도 서로의 외도를 둘러싼 신문 보도가 끊이지를 않았다.

답도 두 가지입니다. 여기서 곧바로 사랑의 보편성을 언급할 수 있겠습니다. 심지어 사르코지도 고통스러워할 수 있으며, 도래하지 않을 어떤 원초적인 것을 필사적으로 기다릴 수 있는 것입니다. 그 기준의 층위를 조금 바꾸어 정치적인 진리에서 사랑의 진리로 이행한다면, 정치적인 적도 어쨌든 당신과 닮을 수 있게 된다는 것입니다. 이것은 썩 영광스러운 일은 아니지만, 마음을 누그러뜨리게 하는 무엇과 닮아 있습니다. 어떤 의미에서 볼 때, 어떤 왕이 사랑 때문에 고통스러워할 수 있다는 사실은 시골 농부와 왕을 서로 대화할 수 있게 만드는 것이기도 합니다. 이러한 층위에서 보면, 시골 농부도 또한 왕이 될 수 있는 것입니다. 이것이 바로 사랑이 항상 그리고 늘 어딘가에 있다는 로망스적인 측면입니다.

한편, 이 사안을 읽는 두 번째 방식은 이렇습니다. 그럼에도 불구하고, 열렬한 정념을 지닌 이 공동체는 마찬가지로 왕이나 대통령, 독재자나 민중의 지도자들이 이 열렬한 정념 말고는 그 어떤 뛰어난 면모도 갖추지 못했다는 사실을 그대로 폭로한다는 것입니다. 이들 또한 오쟁이진 남자가 될 수 있다는 것이지요. 이렇게 되면, 그들을 존경할 아무런 이유도, 심지어 그들을 겁낼 그 어떤 이유도 없어져버리는 것입니다. 바로 여기서 우리는 정치를, 아니 적어도 정치의 주관적이고 초보적인 기반을 다시 발견하게 됩니다.

우리가 앞서 말한 것처럼, 정치에는 적들이 존재합니다. 이 말은 사랑 때문에 받을 그들의 고통을 우리가 걱정하지 않을 것이라는 뜻이기도 합니다. 완곡하게 말하자면, 그들도 우리 걱정을 하지 않을 것입니다. 우리가 또렷한 정치의식을 갖고 있다면, 사르코지의 부인이 바람을 피웠거나 그러지 않았거나 한 것이 솔직히 우리가 알 바는 아니라고 말할 겁니다. 그러나 또 다른 차원, 즉 사랑의 미덕과 관련되어 확산된 지식의 영역이자 기독교에 의해 견고해진 바 있는 영역에서 볼 때, 우리는 사랑의 가시성이 우리의 관심사가 될 수도 있다는 사실을 인정해야만 합니다. 결국 이러한 가시성은 적들이 그 어떤 초자연적인 의미도, 그 어떤 초월적인 힘도 갖추지 않은 상태에서 출발하는, 불순한 재료로 이루어진 정치적 용기가 가공되는, 경계 없는 영역에 속합니다.

  이 하잘것없고 보잘것없는 사르코지의 경우에 국한하지 않기 위해, 저는 지금 우리 역사에서 강렬하고도 숭고했던 사랑의 한 예를 생각하고 있습니다. 프롱드 시대에 천재적이고 부패했으며 교활했던 정치인 마자랭(Mazarin)과 연관되었던 모후(母后) 안 도트리슈(Anne d'Autriche)의 섭정이 바로 그것입니다. 폭동에 가담했던 사람들의 관점에서 볼 때, 이 사랑은 끔찍한 장애물(안 도트리슈는 절대로 제 남자 마자랭을 포기하지 않을 것입니다)과 마자랭을 변태적인 돼지새끼로 묘사한 대중적 논쟁에 자양분을 제공하는 원인과 근본적으로 밀착해 있었습니다. 정치와 사랑 사이에는 오로지 모호한 관계들, 구멍이 숭숭 뚫린 이별이나 금지된 지점과 같은 것들만이 존재한다고 말하는 편이 옳겠지요. 바로 이런 것들이야말로 연극의 원천으로 자리 잡게 되는 것이겠지요. 희극일까요? 비극일까요? 제 생각엔 이 둘 전부입니다.

사랑한다는 것, 그것은 온갖 고독을 넘어서 세계로부터 존재에 생명력을 불어넣을 수 있는 모든 것과 더불어 포획되는 것입니다. 이 세계에서 저는 타자와 함께하는 행복의 원천이 나에게 주어지는 것을 직접 봅니다. "나는 너를 사랑해"는 내 존재를 위해 네가 있는 그 원천이 이 세계에 있다는 것이 됩니다. 이러한 원천에 담겨 있는 물속에서 저는 우리의 기쁨을, 그러나 무엇보다도 너의 기쁨을 봅니다. 말라르메의 시에서처럼

> 물결 속에서 발가벗은
> 네 기쁨에 이른 너를

저는 봅니다.

| 인용된 작품들 |

AGAMBEN Giorgio, *L'Amitié*, Payot & Rivages, 2007.

_____, *L'Ombre de l'amour. Le concept d'amour chez Heidegger*, Payot & Rivages, 2003.

BADIOU Alain, *L'Écharpe rouge*, La Découverte, 1979.

_____, *Théorie du sujet*, Seuil, 1982.

_____, *Manifeste pour la philosophie*, Seuil, 1989.

_____, *Conditions*, Seuil, 1992.

_____, *Ahmed le subtil. Farce*, Actes Sud, 1994.

_____, *Ahmed philosophe* suivi de *Ahmed se fâche. Théâtre*, Actes Sud, 1995.

_____, *Calme bloc ici-bas*, POL, 1997.

_____, *Le Siècle*, Seuil, 2005.

_____, *De quoi Sarkozy est-il le nom?* (*Circonstances*, vol. 4), Lignes, 2007.

BAUMAN Zygmunt, *L'Amour liquide. De la fragilité des liens entre les hommes*, Le Rouergue/Chambon, 2004.

BEAUVOIR Simone de, *Le Deuxième Sexe*, 1949.

BECKETT Samuel, *Ô les beaux jours*, Minuit, 1963.

_____, *Assez*, Minuit, 1966.

BRETON André, *Poisson soluble*, 1924.

———, *Arcane 17*, 1944.

CLAUDEL Paul, *Partage de midi*, 1906.

———, *Le Soulier de satin*, 1929.

DERRIDA Jacques, *Politique de l'amitié*, Galilée, 2004.

FRAISSE Geneviève, in (coll.), *L'Exercice du savoir et la différence des sexes*, L'Harmattan, 2001.

GILLE Vincent (dir.) *Si vous aimez l'amour ··· Anthologie amoureuse du surréalisme*, préface d'Annie LE BRUN, Syllepse, 2001.

GODARD Jean-Luc, *Éloge de l'amour*, 2001.

GORZ André, *Lettre à D. Histoire d'un amour*, Galilée, 2006.

LANCELIN Aude et Lemonnier Marie, *Les Philosophes et l'amour. Aimer, de Socrate à Simone de Beauvoir*, Plon, 2008.

LEVINAS Emmanuel, *Le Temps et l'autre*, Fata Morgana, 1979.

MALLARMÉ Stéphane, *Petit air*, in *Poésies*.

RIMBAUD Arthur, *Une saison en enfer, Délires I*, 1873.

SCHOPENHAUER Arthur, *Le Monde comme volonté et comme représentation*, 1819.

SENNETT Richard, *Le Travail sans qualité: les conséquences humaines de la flexibilité*, Albin Michel, 2000.

TRUONG Nicolas (dir.), *Le Théâtre des idées: Cinquante penseurs pour comprendre le XXIe siècle*, Flammarion, 2008.

| 옮긴이의 말 |

사랑, 소소한 경험에서 탄생하는 순간들의 그 시련에 관하여
― 알랭 바디우의 『사랑 예찬』 번역에 부쳐

사랑은 가버린다 흐르는 이 물처럼

사랑은 가버린다

이처럼 삶은 느린 것이며

이처럼 희망은 난폭한 것인가

밤이 와도 종이 울려도

세월은 가고 나는 남는다

나날이 지나가고 주일이 지나가고

지나간 시간도

사랑도 돌아오지 않는다

미라보 다리 아래 센 강이 흐른다

― 기욤 아폴리네르, 「미라보 다리」[1] 중에서

---

[1] 기욤 아폴리네르, 『알코올』, 황현산 옮김, 열린책들, 2010, 53쪽.

0. 책의 운명

'옮긴이의 말'로 딱히 쓸 말이 없다고, 번역을 내게 권해왔던 두 친구(도서출판 길의 편집자 이승우와 알랭 바디우 전공자 서용순)에게 했던 말은 결코 만용이나 핑계에서 나온 게 아니었다. 번역은 늘 이해의 과정을 동반하는 작업이지만, 아니 응당 그래야 하지만, 문학을 공부하는 내 입장에서 바디우의 복잡하기 이를 데 없는 사랑론을 말한다는 게 마뜩지 않았기 때문이기도 하고, 번역의 동기나 그 과정에서 겪게 된 개인적인 경험을 '옮긴이의 말'이라는 형식으로 늘어놓기에는, 나를 기다리고 있는 문학비평 글들이 한편으로 마음에 걸려왔기 때문이기도 하다. 내 전공을 배반하는 것 같아 편안한 마음으로 쓸 수 없으리라는 느낌이 간헐적으로 엄습해왔다고만 해두자.

그래서 고민해보다가, 이렇게 하기로 했다. 바디우가 책에서 펼쳐 보인 사랑의 지점들과 그 가치에 대한 해제는 애당초 내게 번역을 권했던 서용순에게 맡기기로 하고, 나는 그저 사랑에 관한 사변적인 이야기, 사랑에 대한 내 생각을, 바디우의 관점을 참조하고 책 전반의 맥락에 맞춰 횡설수설 풀어놓기로 말이다. 모든 책에는 제 운명이 있다는 말에 잠시 기대어.

1. 기다림이 병이 될 때 부르는 그 이름, 사랑

'사랑이 무엇일까'라고 한 번도 묻지 않을 '젊은 시절'도 있을까? 나도 그랬다. 그런데, 그걸 묻곤 하던 젊은 날, 나는 사랑이 온갖 사회적·정치적·이데올로기적 후유증의 저 주름진 고난이나 먼지 뽀얀 피곤을 말끔하게 펴주거나 닦아내고, 저 억압의 사슬과 절연할 힘이나 가능성이라고 믿지 않았다. 그러니까 나에게 '사랑'과 '동지'는 동의어가 아니었던 셈이다. 동지는 전적으로 계급의 문제였고, 사랑은 모호한 관념이었다. 오히려 회의주의적 낭만주의자들의 관념, 회의주의적 모럴리스트들의 몸짓, 바디우가 이 책에서 비판하고 있는 그런 것들에 좀 더 가깝다고 해야 할 무엇을 사랑이라 여겼다고 말하는 편이 좀 더 솔직하리라.

사랑이라는 것이 만약 존재한다면, 사분한 욕망의 덩어리, 감정의 소산, 그것의 변형과 그것에 대한 생각, 이 모든 것들의 타자를 향한 턱없는(주로 일방적인) 적재일 수 있다고 여겼던 것 같다. 특히 한눈에 반했다고 말하며 사랑이 여기저기서 불려나올 때, 그건 폭력의 다른 말이고, 개인의 정신적 착란에 불과하다고 생각했다. 왜냐하면 어찌되었든 그것은 있지도 않은 것을 타자에게 덧씌워, 오로지 그것만을 보고 즐기려는 이기적인 행위이자 환상처럼 보였기 때문이다. 그러니까 한마디로, 사랑은, 적어도 내게는, 헛것과 헛것의 표상이었던 셈이다. 헛것을 걸머쥐고서 '유레카'를 외치는 고질적인 병, 매우 이기적이고 집착적인 내 감정의 무덤 안으로 타자를 완전히 구겨넣어 침몰시키고 마는 것, 우리가 사랑이라는 단어로 불러내곤 했던 것도 바로 이런 것이라고 여기던 때가 있다.

아니, 내 젊은 날의, 지금 와서 생각해보면 그 원인조차 희미한, 그러나 한편, 턱없는 분노에 더께 낀 녹처럼 들러붙어 있는 감정의 먼지와 그 찌꺼기를 나는 이런 생각 속에서 힘껏 닦아내려 했던 것 같다. 몇몇 친구들은 좋은 말로 그것을 열정이라 불러주었지만, 오히려 분노에 가까운 무언가가 당시의 나를 지배하고 있었고, 그 분노는 결과적으로 나를 쉼 없이 움직이게 만들었으며, 사유와 관념, 문자와 문장 사이로 벌어진, 그러나 한없이 좁아 보이기만 했던 틈새로 나를 몰아넣었던 것 같다.

그러나 이제 와서 다시 생각해봐도(사랑을 다룬 철학책까지 번역한 마당에), 그때 품고 있었던 사랑에 관한 이 사념들이 그리 잘못되었던 것은 아니었다고 말하고 싶은데, 무신론자인 내게 삶이란 태어나는 바로 그 순간부터 주어진, 일정량의 힘이 충전되어 있는 배터리와도 같은 것이어서, 사랑도 그 충전의 분출 경로에 대한 설명의 범주에서 벗어나지 말아야 하며, 아니 그것에 온전히 헌정되어야 마땅한 것이고, 또한 문학도 삶의 이 끈덕지지만 언젠가는 사그라지고 말 힘을 사유의 형식, 글의 형식으로 발산하는 행위이자, 그 순간순간에 소소한 가치를 부여하는, 정치적이고 윤리적 행위에 다름 아니라고 여겼던 것이 분명하다.

그것이 순결해서가 아니라 명확하게 다가오지 않으므로, 사랑이라는 용어를 함부로 빌려오지 말아야 한다고 생각했던 순간들이, 그럼에도 불구하고 '사랑'이라는 가면을 쓰고 자주 나를 찾아왔기 때문일지도 모른다. 나는 절름발이였고, 바보였는데, 왜냐하면 이때 나는 나를 찾아온 것이 뭔지도 제대로 모르면서 이것을 향유하려 했기 때문이다. 이렇게 보면, 나는 아직도 사랑을 잘 모르는 것 같다. 아니, 내가 가끔 타인들에게서 느끼고, 간혹 삶에서 반사적으로 그러쥐게 되는, 보람된 시간이나 감정의 운용〔情動, affect〕, 기다림이 병이 되는 그런 순간들을 나는 지금도 여전히 사랑이라는 단어로 부르고 싶어 하지 않는지도 모른다.

네가 오기로 한 그 자리에
내가 미리 가 너를 기다리는 동안
다가오는 모든 발자국은
내 가슴에 쿵쿵거린다
바스락거리는 나뭇잎 하나도 다 내게 온다
기다려본 적이 있는 사람은 안다
세상에서 기다리는 일처럼 가슴 애리는 일 있을까
네가 오기로 한 그 자리, 내가 미리 와 있는 이곳에서
문을 열고 들어오는 모든 사람이
너였다가

> 너였다가, 너일 것이었다가
>
> 다시 문이 닫힌다
>
> 사랑하는 이여
>
> 오지 않는 너를 기다리며
>
> 마침내 나는 너에게 간다
>
> 아주 먼 데서 나는 너에게 가고
>
> 아주 오랜 세월을 다하여 너는 지금 오고 있다
>
> 아주 먼 데서 지금도 천천히 오고 있는 너를
>
> 너를 기다리는 동안 나도 가고 있다
>
> 남들이 열고 들어오는 문을 통해
>
> 내 가슴이 쿵쿵거리는 모든 발자국 따라
>
> 너를 기다리는 동안 나는 너에게 가고 있다
>
> ―황지우, 「너를 기다리는 동안」

황지우는 여기 전문(全文)을 적어놓은 이 시의 부기에 "기다림이 없는 사랑이 있으랴"라고 썼지만, 사랑하는 마음을 그리움과 결부시켜 결곡하게 그려낸 이 작품도, 당시에는, 그러나 사랑에, 즉 사랑의 작동 체계와 본질에 온전히 헌정된 것은 아닌 것처럼 보였다. 그랬다. 그것이 만약 존재한다고 가정할 때, 사랑은 무엇보다도, 희미한 수식어가 될 수 없다는 생각이 강하게 들곤 했는데, 아마 그건 모호한 수사의 희생물이 되어, 귀에 코에 마구 걸어, 결과적으로 타자를 구속하거나 옥

죄고 마는, 젊은 날의 초상들이 내 곁에 너무나 자주 얼씬거렸기 때문이었을 것이다.

2. 비루한 욕망, 남루한 욕망, 헛헛한 욕망

이러저러한 사변들이 꼬리에 꼬리를 물고 이어지다가, "성관계는 없다"던 라캉과는 반대로, 부재하는 것이야말로 사랑이며, 고로 오로지 성관계만 있다, 아니 사랑이라는 그토록 정의가 불가능한 용어보다는 욕망이 오히려 항구적이고 체계적일 수 있다고 생각했던 것 같다. 그래도 이건 구체적이고, 물질적이며, 확실한 효과를 불러일으키니까! 이때 찾아드는 감정은 사랑이 아니라 남루한 욕망, 그러나 결코 무시하지는 못할 욕망이다. 여기서 이렇게 빗대어놓으면 권혁웅 시인에게 미안한 일이 되는 걸까?

안녕, 선우일란
그대를 따라간 청춘은 어느 골목 끝 여인숙에서
새우잠을 잘는지 아니, 손만 잡고 잘는지
시월의 밤은 그대의 벗은 등처럼 소름이 돋는데
그곳의 양은 주전자와 플라스틱 잔에는
몇 모금의 물이 남았는지
안녕, 선우일란

저 네온은 지지직거리며, 뼈와 살을 태우며,
저물어가는데
버즘나무에 핀 버짐처럼
한기 번져가는데
비닐을 덮은 이불이 너무 얇지는 않은지
안녕, 선우일란
토하던 그대 등을 두들길 때
나를 올려다보던 눈길처럼
또 한번의 시월이 흐릿하게 지나가
차가운 담에 기대
벌어진 입술처럼 스산하게 지나가
안녕, 선우일란 어느 골목 끝 여인숙으로
걸어 들어간 발자국 소리여
그때 그 숨죽인 소리여
　―권혁웅, 「밤으로의 긴 여로」

　욕망은 일시적이며, 한시적이고, 분출적이며, 즉자적이다. 그래서 솔직하고, 잘 속이지도 않는다. 프로이트의 '그것', 즉 '이드'가 그렇듯이 말이다. 그것은 우리 존재의 조건이자 전제이며, 살아 있음이 확인되는 최후의 물질적 심급이다. 우리는 모두 '욕망하는 기계'에 불과하다고, 그러나 이를 통해, 개인의 심적 구조에서 잘만 하면 공동체를 끄집어낼 수도 있을 것이라 생각했던 것도 이 때문이다.

그것은(ça) 도처에서 기능한다. 어떤 때는 쉴 새 없이, 또 어떤 때는 간헐적으로 기능한다. 그것은 숨을 쉬고, 흥분하고, 먹는다. 그것은 싸고, 성교한다. 이러한 것을 '그것'(le ça)이라고 그냥 부른 것은 얼마나 큰 오류인가. 도처에서 그것들은 기계로 존재하는데, 이는 결코 은유적인 것이 아니다. 기계들은 서로의 교미와 접속을 통해 기계를 만들어내기도 한다. 기관-기계는 전원-기계에 접속되어 있다. 어떤 기계는 (전류의) 흐름을 방출하고, 다른 기계는 흐름을 끊는다.[2]

그런데 이 욕망이 현실 속에서 실현될 때, 방금 열거한 것처럼 불꽃이 되어버리지만, 그 불꽃이 트임, 즉 감정을 동반하지 말란 법도 없다. 그 감정은 대개 허무하다고 말하는 것보다, 상대방과 결부된 탓에 헛헛하고, 남루하고, 비루한 무엇을 내려놓는다. 정념의 탈을 쓰고 말이다. 빠져나가는 속성, 잦아드는 속성, 그러나 반복되므로, 그리하여 떨쳐버릴 수 없으므로, 이 욕망하는 나는 결국 절망하는 나를 불러내는 데 한몫을 했다. 절망이라는 단어의 화려함이, 저 반복되는 욕망의, 빠져나갈 수 없는 욕망의 속성 때문에 내게 그렇게도 자주 찾아들었던

---

2) G. Deleuze et F. Guattari, *L'anti-œdipe. capitalisme et schizophrenie*, Minuit, 1972, p. 7.

가? 욕망하는 주체는 나일 뿐이므로, 욕망하는 나는, 욕망의 대상으로 불려나온 사람을 보면서, 결국 나의 부속물, 나의 투영물, 나의 아바타만을 확인할 뿐이다.

> 피에르 우닉: 한 여자를 사랑할 때 당신의 사랑을 바로 보여주려고 합니까, 겐버그?
> 진 겐버그: 예. 바로요. 할 수만 있다면 그녀의 가슴을 움켜쥐고라도.
> 피에르 나빌: 우닉, 단지 육체적인 표현을 말하는 것이었습니까?
> 진 겐버그: 다른 종류가 있다고 생각하지 않습니다.
> 피에르 나빌: 나는 내가 언제 여자를 사랑하게 되는지를 잘 모릅니다. 그 후에 그녀에게 이를 드러내는 어떤 순간이 있어요. 어떻게, 왜 그런지는 모르겠습니다.[3]

계속해서 반복되는 것, 간헐적이라고 말하기에는 늘 편재하는 것, 이 욕망이라는 이름의 전차를 그러니 어찌할까? 배터리의 수명이 아직 다하지 않았으므로 찾아오는 무엇일 뿐일까? 전차의 속도는 어지간해서는 줄어들지 않는다. 단지 나이가 들수록 그 빠름이 조금 진정될 기미를 보일 뿐이며, 그럴 무렵 전차에 올라탄 바로 그 상태에서 우

---

3) 앙드레 브르통 외, 『섹스 토킹-초현실주의 그룹의 킨제이 보고서』, 정혜영 옮김, 싸이북스, 2007, 69쪽.

리는 관계를 보이기 시작할 것이다.

3. 타자와의 관계에서 그 가능성을 엿보는 사랑

나는 섹스하는 주체이지만, 그것이 타자와 관계 맺는다는 걸 의미하지는 않는다는 라캉의 말은 욕망에서 욕망 이외의 무언가를 호출해낸다. 그렇다면, 욕망으로 다가간 타자와 지속성을 만들어내지 못하게 되는 대부분의 경우, 어쩌면 나를 구속하는 이 욕망이 계속해서 나를 몰고 갈 수도 있었을 그 가정의 길 위에는, 그렇다면 무엇이 스며드는가? 타자와의 관계가 이 세상에, 느슨해진 욕망을 틈타 내려앉을 것이다. 그러기 위해서는 우선 만남이 있어야 한다. 어디서? 호텔 커피숍에서? 대체 누구를 만나야 하나? 모르겠으면, 인터넷을 뒤지자. 네이버 형님에게 물어보니,

스폰서링크
- 만남사이트 클럽5678 - 랭키1위 만남사이트. 무료 일대일 채팅, 실시간 이성대화, 지역별, 테마별 만남.
  http://www.club5678.com
- 실시간 만남 사이트 조이헌팅 - 만남 사이트, 실시간 5분거리 이성채팅, 나이별, 테마별 특별한 무료채팅.
  http://www.joyhunting.com
- 만남주선 아로하 - 만남주선 생존전문, 철저한 커플 매니저관리, 표준약관, 안정된 매칭.
  http://www.arohas.com
- 호불제 온라인 미팅 유니투 - 시스템이 다른 호오프라인 미팅, 만남 확정시 회비 후불납부, 셀프매칭.
  http://www.unitwo.com
- 만남사이트 러브엔조이 - 만남사이트, 특별함이 있는 무료만남채팅, 지역별 만남검색, 실시간 빠른만남채팅.
  http://www.loveenjoy.com

파워링크
1. 로맨틱 결혼정보 레드힐스 - 선우홍아CEO, 10년이상 전문가, 국세청 2009 한경비즈니스 AS만족지수1위
   http://www.redhills.co.kr
2. 결혼 만남사이트 가연결혼정보 - 만남사이트, 김지영 남성진 추천, 3대1 맞춤관리, 공정위 표준약관.
   http://www.gayeon.com
3. 솔로탈출 만남사이트 안티싱글 - 인기 만남사이트, 이상형 찾고 프로포즈, 연락처 바로교환, 믿을 수 있는 만남
   http://www.antisingle.com
4. 실시간 만남사이트 조이헌팅 - 무료만남, 만남사이트, 5분거리접속 이성대화, 번개팅 만남성공률99%, 나이채팅.
   http://www.joyhunting.com
5. 무료 만남사이트 클럽5678 - 랭키채팅1위, DAUM 대화방1위, 무료만남사이트, 즉석만남, 번개팅, 지역채팅.
   http://www.club5678.com

이렇게 많은 기회가 내게 주어졌다. 가입하고(내 정보를 주고) 돈을 지불하면, 언제 어디서고 만남의 기회를 가질 수 있게 되었다. 더구나 운명·우연·모험·위험·불확실성 따위를 모두 덜어내는 조건으로 말이다. 언제까지 하숙집 주인의 막내딸과 숨바꼭질을 할 텐가? 그가 시크하고 모던하고 쿨한 사람이라면, 인터넷을 통해 현명한 자가 되지 말라는 법도 없다.

바디우가 비판하는 '안전한' 사랑, 보험과도 같은 사랑이 그리하여 매일, 어느 곳에서나 무람없이 떠돌아다닌다. 절차를 생략해야 하고 고난을 피해야 하는 이 세상에서 가장 귀찮고 성가시고 위험한 것은 우연에 기대는 일이다. 위험은 고로 제거되어야 할 적이다. 이렇게 만남에서 우연성이 사라지게 되면, 우리가 사는 지금 세상에서 어쩌면 모든 헛된 짓을 하지 않아도 될 거라는 든든한 알리바이도 생겨난다. 그러니까, 자본주의 하나로 글로벌화한 세상에서 우연에 내기를 거는 사람은 이미 구닥다리가 되어버렸다는 것이다. 이 모든 헛된 짓의 범주에는 아래에서 묘사하고 있는 지극히 우연적인 자그마한 사건도 포함된다.

그 시간은 사람들이 사무실이나 작업실에서 퇴근하기 시작하고, 건물들의 문은 위에서부터 아래까지 완전히 닫혀 있으며, 보도 위에서 마주친 사람들이 서로 악수를 나누는 시간, 어쨌든 거리에 사람들이 더 많아지기 시작하는 때였다. 나는 별 생각 없이, 사람들의 얼굴과 옷차림, 태도를 관찰하게 되었다. 정말이지, 저 사람들은 아직 혁명을 할 준비가 되어 있는 사람들이 아니야. 나는 그 이름을 몰랐거나 잊어버린 교차로를 막 건너갔는데, 그곳은 바로 성당 앞이었다. 그때 나는 옷차림이 매우 초라한 한 젊은 여자가 내 쪽으로 한 열 걸음쯤 떨어진 지점에서 오고 있는 것을 보았고, 그녀 또한 나를 보고 있거나 이미 본 듯했다. 그녀는 지나가는 다른 모든 사람들과는 달리 머리를 높이 쳐들고 걷는 모습이었다. 너무나 가냘픈 몸매라서 마치 휘청거리며 걷는 듯했다. 얼굴에는 알아차릴 수 없는 미소가 맴돌고 있었던 것 같다. 눈 화장부터 시작은 했지만 화장을 끝마칠 시간이 없었던 사람처럼, 금발머리에는 어울리지 않게 특이하게도 눈가를 아주 검게 칠한 화장을 하고 있었다. 눈가에 눈꺼풀은 조금도 보이지 않았다. 나는 한 번도 그런 눈을 본 적이 없었다. 나는 주저하지 않고 모르는 여자에게 말을 걸었다.[4]

길가에서 우연히 여인을 보게 되어 한눈에 반한다고 해도, 아니, 그래서 졸졸 그 뒤를 밟아 몇 마디 말을 붙이는 데 성공하고, 심지어 전화번호까지 알아내게 된 엄청나게 운이 좋다 할 사람이 있다면, 이 사람은 위험에 노출되어 있으며 위험천만한 상태에 놓이게 될 확률이 농후한 셈인데, 그나저나 그는 자신이 이런 상태에 놓여 있다는 사실을 알고나 있는 것일까? 바디우가 애써 비판하고자 한 것도 바로 우연을 금지하고 모험을 제거하는 '안전한 사랑'의 기만적인 측면이다.

---

4) 앙드레 브르통, 『나자』, 오생근 옮김, 민음사, 2009, 65쪽.

사랑은 어쩔 수 없이 위험을 동반하며, 그것이 바로 사랑의 속성이기도 하다. 우연과 위험을 시간 속에 펼쳐놓는 것을 우리는 '경험'이라고 부른다. 사랑은 우연의 산물이다. 아니, 우연의 산물이 되어야 하는 이유는, 통념·이데올로기·판단·조작·통제·타협·공모 등을 사랑에서 제거해낼 가능성은 우연에서 말고는 찾을 수 없기 때문이다. 너와 나의 관계는, 미리 만들어진 기준과 통념, 타자에 대한 판단 따위를 적재하지 않은 상태에서 이루어져야만, 비로소 각각의 차이를 행사하는 동등한 개인들 간의 만남을 드러낼 수 있을 뿐이다. 아니, 우리가 '인간적'이라고 부를 어떤 관계가 성립하는 최소한의 조건은 오로지 우연을 통해서만 형성된다. 그래야 차이를 인정한 상태에서 타자와 공통된 경험을 만들어갈 수 있을 테니까.

아까부터 눈송이 하나가 나를 본다

눈보라가 몰아치는 창밖

눈송이가 유리창에 붙어 녹지 않는다

네 눈동자처럼 차갑고 따듯한 손을 잡고

눈보라 속으로 걸어간다

호숫가를 지나 나무 사이를 지나

네 손의 온기가 손바닥에 전해지고

마른 나뭇잎이 바스라지는 소리

구름이 머리 위에서 수많은 눈송이를 뿌린다

우리가 지나간 발자국을 지우며

잠시 하늘을 올려다보는 사이

나뭇가지는 사방을 가리키며 흔들리고

손을 놓쳐 우리 사이를 눈보라가 채운다

바람이 나를 몰고 너를 밀어내고

눈송이가 날리는 산속을 헛디디며 헤매다

마른 나뭇잎처럼 입술이 터질 때

창밖 사람들은 종종거리며 걸어가고

바람에 떨며 너의 눈동자가 나를 본다

다 녹아 모든 통증이 사라지면

너는 돌아올 것이다 고여 있는 어둠 사이로

수많은 나뭇가지 사이로

내가 걸어간 적 없는 허공을 떠돌아다니며

아무것도 해줄 수 없는 눈송이가 나를 본다

유리창에 온몸을 맡긴 눈송이

네 눈동자가 유리창에 흘러내린다

—김성규, 「눈동자」

우연한 만남에서 촉발되어 관계의 영역으로 진입한다고 전제할 때, 분명한 것은 사랑이 추상적이거나 형이상학적인 감정은 아니라는 점이다. 그 대상도 이성(경우에 따라서는 동성)에 국한된다는 말을 여기다

덧붙여야겠다. 신을 향한, 신이 내게 베풀어주는 사랑을 포함하여, 여러 가지 차원의 사랑을 들먹여보아도, 결국 사랑을 확인하게 되는 것은, 의지를 동반하게 되고 욕망으로 표출되는 근본적인 대상을 통해서이며, 거개의 사람들처럼 내게도 그 대상은 여자들이었다. 바디우가 "둘이 등장하는 무대"라고 말한 것, 여기서 무대는 남녀가 관계를 맺는 시간과 공간에 다름 아니다.

그런데 여기서 의문이 하나 생긴다. 타자라는 이름의 대상, 개인이라는 나, 이 둘 사이의 관계가 세상에서 전개되는 순간, 깊이는 차치하고도, 시간의 문제와 사랑이 결부될 수밖에 없기 때문이다. 관계가 시간의 차원에서 논의될 때, 지속성의 문제가 사랑에 풀리지 않는 숙제처럼 남겨진다고 바디우는 말한다. 사랑을 지속시키기 위해서 그럼 무얼 먼저 해야 하나?

말해야 한다.

성공한 인생이란 무엇일까? 적어도 변기에 앉아서 보낸 시간보다는, 사랑한 시간이 더 많은 인생이다. 적어도 인간이라면

변기에 앉은 자신의 엉덩이가 낸 소리보다는, 더 크게 …… 더 많이 "사랑해"를 외쳐야 한다고 나는 생각한다. 몇 줌의 부스러기처럼 떨어져 있는 자판들을 어루만지며, 나는 다시 그녀를 생각한다.[5]

바디우가 말한, 타자에게 "선언된 사랑"이 지속성을 갖추게 될 가능성은 우선 말을 반복하는 데 있다. 즉 한 번 선언된 사랑을 다시 선언하고, 또 선언하고, 충분하다고 생각 말고 선언하고, 지겨워할 거라 염려 말고 선언하고, "천만번 더 들어도 기분 좋은 말, 사랑해"라고 다짐하면서 선언하고, 사랑의 'ㅅ' 자만 들어도 상대방이 심하게 경기를 일으킬 만큼 선언해야 한다. 말의 틀 안에서, 말을 연장하면서, '지속'이나 '충실성'도 겸비되어야 한다고 바디우는 말한다. 끈기도 있어야 하고 충실해야 하고 말도 계속되어야만 사랑은 이루어진다? 그래서 바디우에게 사랑은 필연적으로 윤리의 문제와 결부된다.

그러나 관계를 시간 속에서, 연속성 안에서 고정시키는 것과 사랑이 당위성, 즉 제 옳고 그름을 사랑이 성취하는 것은 별개의 문제라는 것이 내 생각이다. 그 관계가 불꽃처럼 산화한들 또 무엇이 그리 문제가 되겠는가? 사랑의 관계에 놓인 두 사람은 미칠 권리가 있으며, 때문에 강렬한 순간에 봉착하여 무엇이든 할 수 있다는 가능성을 닫아버리지 않을 수도 있는 것 아닐까? 불꽃이 수놓은 화려한 풍경이 매우 순간적이며 곧 사라져버린다고 해도, 그걸 보면서, 그 순간을 만끽하면서, 시간 따위는 잠시 잊어도 되지 않을까?

개인됨(철학이나 시학에서 '개별화'(individuation)라고 부르기도 하는)이 먼저 있어야 하며, 그 후 성취되는 각각의 차이로 자기 동일성을 부

---

5) 박민규, 『죽은 왕녀를 위한 파반느』, 예담, 2009, 192~93쪽.

정하게 되는 바로 그 순간을 창안해내는 게 사랑에서 중요할 것이다. 이 치열한 퍼포먼스에 우월성을 부여할 경우, 그 관계란, 비록 아주 짧은 시간의 틀 속에서 빚어진 것이라 해도, 사랑을 놓쳐버린다고 말하기는 힘든 무언가가 너와 나의 공통된 경험으로 각인된다. 비록 그것이 불연속적이라 해도, 이후 시련이 잦아든다고 해도 말이다. 사랑에서 진리를 구축해내는 길은 물론 이러한 경험을 연장시키려는 노력을 통해 가능할 것이며, 바로 이때 순간과 순간이 봉합되어 크고 작은 사건이 만들어진다고 바디우는 말한다.

4. 장애물을 전제하는 사랑

사랑이 지속되려면 "둘이 등장하는 무대"에 반드시 장애물도 함께 설치되어 있어야 한다는 것이 내 생각이다. 모든 것을 다 갖추지 못한 그런 무대에 둘이 놓여야 사랑은 지속될 수 있는 것 아닐까? 뭔가 모자란 상태, 집도 절도 없는 상태, 앞으로 하나씩 극복해나가야 할 시련이 둘 앞에 기다리고 있어야 사랑은 관계의 변화 속에서 지속을 추구할 힘도 확보하게 되는 게 아닐까? 사랑이 빚어내는 강렬함과 밀도의 그 순간은 오로지 이런 경우에만 미래라는 시간 위로 한껏 포개어지는 건 아닐까? 결함이 있는 사랑이었기에 그 무엇에도 견줄 바 없이 찬란하고 순결한 사랑을 끌어낼 수 있었던 아벨라르와 엘로이즈처럼 말이다.

나는 내 인생이 마음에 들어

한 계절에 한 번씩 두통이 오고 두 계절에 한 번씩 이를 뽑는 것

텅 빈 미소와 다정한 주름이 상관하는 내 인생!

나는 내 인생이 마음에 들어

나를 사랑한 개가 있고 나를 몰라보는 개가 있어

하얗게 비듬을 떨어뜨리며 먼저 죽어가는 개를 위해

뜨거운 스프를 끓이기 위해, 안녕 겨울

푸른 별들이 꼬리를 흔들며 내게로 달려오고

그 별이 머리 위에 빛날 때 가방을 잃어버렸지

가방아 내 가방아 낡은 침대 옆에 책상 밑에

쭈글쭈글한 신생아처럼 다시 태어날 가방들

어깨가 기울어지도록 나는 내 인생이 마음에 들어

아직 건너보지 못한 교각들 아직 던져보지 못한 돌멩이들

아직도 취해보지 못한 무수한 많은 자세로 새롭게 웃고 싶어

―이근화, 「나는 내 인생이 마음에 들어」 중에서

    그것이 무엇이 되었든 지금 완벽하지 않다는 사실, 결함이 있다는 사실, 완성되어야 할 미래형의 무언가를 갖고 살아나가야만 한다는 사실, 바로 이러한 사실로부터 나는 내 인생과 내 연인과의 사랑과 내 주위의 모든 것에 운동과 의미를 부여하게 되는 건 아닐까? 운동은 힘이고, 힘이 있으면 지속되는 것이므로, 사랑을 계속해서 움직이게 허용

하는 일은 현재의 사랑에 결핍된 무언가가 주어져 있다는 조건에서만 가능한 것이다. 사랑하는 일, 그것은 결핍을 끌어안은 그 상태 그대로 삶을 살아나가는 자그마한 경험들, 시련과 위험을 삶의 조건으로 삼아 내 경험과 타자의 경험을 매일 그 길 위에 포개놓으려는 자그마한 노력은 아닐까?

5. 부기

우리는 모두 제 언어의 시원에 있는 그 누군가를 애써 닮으려 하고, 매 순간 그리워한다. 욕망이 사랑의 구체적인 모습이라는 생각에는 변함이 없지만, 한편 이 그리움을 사랑이라 불러도 좋을 것 같다.

2010년 7월, 무더운 여름날
옮긴이 조재룡

| 해제 |

바디우의 철학과 오늘날의 사랑

서용순 한국외국어대 강사 · 철학

1. 바디우의 철학과 사랑이라는 조건

『사랑 예찬』의 출판은 확실히 아주 의미 있는 일이다. 한국에서 알랭 바디우의 저작이 번역되기 시작한 1995년 이래 바디우의 철학은 아주 더디게 소개되었다. 실제로 이 철학자의 중요한 저작들이 본격적으로 번역된 것은 비교적 최근의 일이다. 이제 바디우에게 찬성하건 반대하건, 그가 상당히 문제적인 철학자라는 것은 모두가 동의하는 사실이 된 듯하다.

그러나 우리에게 소개된 바디우의 철학에는 일종의 불균형이 존재한다. 지금까지는 그의 진리 철학의 윤곽을 보여주는 저작 중에서도 비교적 접근이 수월한 것들이 번역되어왔다. 『철학을 위한 선언』『윤리학』『조건들』『사도 바울』 등은 모두 그런 종류의 저작들이었다. 질들뢰즈(Gilles Deleuze)와의 논쟁점을 중심으로 구성된 『들뢰즈: 존재의 함성』 역시 넓게 보면 그 범주에 포함시킬 수 있을 것이다. 그 밖에는 바디우의 예술론을 다룬 『비미학』과 몇몇 앤솔로지에 포함된 정치적인 논문들이 번역되어 있을 뿐이다. 바디우의 주저인 『존재와 사건』은 차치하더라도, 예술과 더불어 그의 진리 철학의 조건들이라고 할 수 있는 정치와 수학 그리고 사랑에 관한 바디우의 저작은 아직도 번역되어 있지 않다. 이런 와중에 바디우의 『사랑 예찬』이 번역되어 독자들을 찾아가는 것은 무척 반가운 일이 아닐 수 없다.

사랑에 대한 바디우의 담론은 매우 특이하다. 그가 말하는 사랑은 다름 아닌 성애, 즉 남녀 간의 사랑이다. 이 테마는 전통 철학에서는 드물게만 등장하는데, 바디우는 이 남녀 간의 사랑이 진리를 생산하는 절차라고 단언한다. 그는 사랑에 대해 지극히 냉정한 성찰을 수행하며, 그것이 성차에 대한 진리를 생산한다고 말하는 것이다. 어쩌면 이는 많은 철학자를 당황스럽게 만드는 시도일 수 있다. 그도 그럴 것이, 사랑이 진행되는 와중에 일어나는 여러 가지 잡음과 충돌은 사랑에 대한 일관적인 담론을 수립하는 데 장애로 다가올 수 있기 때문이다.

바디우의 글을 깔끔하게 번역해낸 이 책의 번역자는 「옮긴이의 말」에서 사랑을 조금은 부정적인 시각으로 바라본다. 틀림없이 이러한 입장은 그에게만 국한된 것은 아니다. 어쩌면 많은 사람들이 사랑에 대한 바디우의 찬미를 지나치게 낙관적인 것이라고 불평할 수 있다. 그러나 진리에 대한 제한 없는 낙관이야말로 바디우 철학의 특징임을 생각한다면 이것은 지극히 일관된 입장이라고 볼 수 있다.

나는 『라캉과 현대 정신분석』과 같은 전문 학술지에 사랑에 대한 바디우의 철학을 몇 차례 소개한 바 있다. 그때마다 내가 부딪혔던 반론들은 사랑에 대한 부정적인 시각에 입각한 것들이었다. 그 즉각적인 토론의 장에서 나는 그 반론들을 그저 반론으로만 남겨둘 수밖에 없었다. 철학은 서로 다른 입장이 충돌하는 장(場)이다. 그 충돌 속에서 반론을 무력화하려는 시도는 사실 무의미하다. 내가 할 수 있는 것은 오늘날 우리에게 사랑에 대한 진지한 성찰이 필요하며, 사랑이 가진 사유로서의 지위를 방어해야 한다는 점을 강조하는 것이다. 이 해제가 추구하는 방향은 바로 그것이다. 나는 오늘날의 사랑이 처한 현실을 환기시키면서 사랑에 대한 바디우의 철학적 성찰을 일별하고자 한다.

2. 사랑 고르기 — 사랑의 실종

사랑이란 것은 도대체 무엇일까? 무엇 때문에 사람들은 사랑을 갈구하고, 사랑을 숭배하며, 때로는 그 사랑을 증오하거나 버리는 것일까? 세상 어디를 가든, 어느 시대를 들여다보든 반드시 있는 것들 중 하나가 바로 사랑에 빠진 연인이라는 점에서 사랑은 가장 보편적인 인간사일 것이다. 그러나 이렇게 보편적인 '사랑'은 오늘날 아주 심각하게 변형되고 있다. 어쩌면 우리가 사는 시대는 사랑이 고전적인 방식으로 존재하기를 멈춘 시대가 되어가고 있는지도 모른다.

　재작년 즈음, 고미숙은 사랑을 논하는 책에서 "사람들은 사랑을 언제나 대상의 문제로 환원한다"고 썼다. 맞는 말이다. 사랑은 점점 대상을 선택하는 일이 되고 있다. 사람들은 자신이 사랑에 실패한 것이 그 사랑의 '대상을 잘못 골랐기 때문'이라고 생각한다.[1] 사랑에 실패한 것은 결국 '사랑 고르기'에 실패한 것이다. 성공한 사랑이란 잘 선택된 사랑이다. 이제 사랑을 하는 것은 할인매장에서 성능 좋고 디자인이 빼어난 텔레비전이나 에어컨을 고르는 것과 다르지 않게 되어버린 듯하다. 사랑의 양상은 변하고 있다. 아니, 좀 더 정확하게 말하면 사랑은 사라지고 있다. 이러한 변화의 양상은 오늘날 일반적이다. 이는 한국뿐 아니라 전 지구적 수준에서 진행되고 있는 변화인 것이다.[2]

　우리는 매일매일 들여다보는 인터넷을 통해 그 변화의 단면을 살펴볼 수 있다. 인터넷을 뒤덮고 있는 만남 사이트, 결혼정보 사이트가 내거는 캐치프레이즈는 모두 유사하다. '외모에서 성격까지 나에게 딱 맞는 이상형과의 만남' '엄격한 인증 절차를 통과한 밝고 건강한 젊은 이들이 활동하는 곳' '기본 학력을 보유한 회원들로 구성'. 시장의 원리에 충실한 광고 문구도 눈에 들어온다. '다수의 회원 확보' '높은 인지도와 신뢰성' '독특한 컴퓨터 매칭 시스템' '고객 만족을 위해 노력

---

1) 고미숙, 『사랑과 연애의 달인, 호모 에로스』, 그린비, 2008, 14쪽.
2) 바디우의 『사랑 예찬』은 이러한 사랑의 위기에 대한 현재적 성찰이다. 그는 오늘날 우리가 겪고 있는 사랑의 위기에 반대하여 사유로서의 사랑을 옹호하는 것이다.

하는 정보업체'. 단어 몇 개만 바꾸어놓으면 가전용품 전문매장의 광고와 별 차이가 없어지는 이 문구들은 오늘날 사랑이 처한 현실이 어떠한지를 정확하게 말해준다.

사랑은 사실 실종되고 있다. 특히 우리나라처럼 사랑하는 사람들이 함께 사는 것을 제도적으로 인정받는 결혼이라는 절차가 거의 의무적인 것으로 취급되는 곳에서는, 다시 말해 사랑이 결혼과 거의 등치되는 곳에서는 이런 현상이 더욱 두드러진다. 사랑은 결혼이라는 냉혹한 생활의 현실과 연결된 것으로 간주된다. 순간적인 감정에 휘둘려 인생을 망쳐서는 안 된다. 결혼은 평생의 삶이 걸린 객관적인 문제이기에, 주관의 놀음인 사랑은 그저 희생당한다. 존재의 모든 것을 뒤흔드는 사랑은 결혼생활이라는 제도적 기제 앞에 무릎 꿇어야 한다.

가뜩이나 힘든 것이 오늘의 현실이다. 잘못된 사랑을 선택하여, 평생을 고생하며 살 수도 있다. 나의 생존과 안락이 걸린 이 마당에 사랑에 목을 매는 것은 사치일 뿐이다. 삶의 안전을 도모하기 위해 사랑은 배제된다. 그렇게 결혼만이 남고, 좋은 결혼을 위해 결혼정보업체의 매칭 서비스를 이용한다. 당신은 그녀에게 물질적인 안락을 제공하고, 그녀는 당신에게 만족스러운 미모와 생활의 여러 서비스를 제공하면 된다. 격정적인 사랑보다는 결혼생활에서 서로의 필요를 충족시키는 서비스를 서로 교환하는 것이다.

결혼을 염두에 두고 있지 않은 사람들도 마찬가지이다. 사랑을 하려거든 그저 즐겨야 한다. 그래서 인터넷 만남 사이트가 유용하다. 나와 취향이 비슷한 사람을 만나 비슷한 관심사를 나눌 수 있다면, 연애상대를 찾아 헤맬 필요가 없다. 서로 잘 맞지도 않는 사람을 만나 옥신각신하며 괴로움을 겪기보다는 내가 원하는 유형의 파트너를 만나 별 다툼과 갈등 없이 서로의 욕구를 충족시킨다면 그보다 더 좋은 일은 없다. 적당히 만나다가 지겨워지면 쿨하게 헤어진다. 그리고 다른 사람을 찾으면 된다. 당신은 컴퓨터 자판을 열심히 두드리며 당신의 파트너를 아주 잘 선택할 수 있다. 사진, 취향, 직업, 하다못해 별자리와 사주팔자까지, 모든 것은 그 안에 있으니까……. 이것이 오늘날 사랑이 처한 현실이다. 이러한 현실 속에서 어떻게 사랑을 방어하고 사랑의 주체를 찬양할 수 있을까?

 우리는 '사랑'이 삶 속에서 '일어나는' 일이라는 것을 안다. 그래서 사랑의 문제는 오래전부터 아주 중요한 철학적 주제였다. 그것이 사람의 일이기 때문에 사랑을 말하는 것은, 사랑의 주체를 말하는 것은, 인간 자신에 대해 말하는 것이다. 모든 철학은 현실적이다. 그것은 현실의 문제를 다루며, 현실 속에서 촉발된 위기에 대해 말한다. 사랑의 문제에 대해서도 철학은 같은 자세를 취할 수밖에 없다. 그렇게 오늘날의 사랑의 위기를 진단하고 사랑의 자리를 좀 더 정확히 지칭하기 위해, 조금은 철학적인 관점에서 사랑에 대해 살펴보기로 하자.

2. 위험한 사랑

사랑은 위험하다. 앞에서 언급한 여러 선전문구가 말해주는 것도 그것이다. 사랑은 위험하니 그 돌발적인 출현을 피해야 한다는 것이다. 오늘날의 세계는 우리에게 계산된 확실성을 권한다. 그리고 이러한 계산된 확실성은 단지 물질적인 것만을 겨누지 않는다. 모든 정신적인 안락은 물질적인 안락만큼이나 중요하다. 확실성으로 그 안락을 보증하는 것이 필요하다. 그러한 안락이 보증되지 않는 '사랑'은 일종의 모험이다. 사방에 위험이 도사리고 있는 모험.

이러한 사랑의 불확실성은 불안감을 통해 더욱 제거해야 할 대상으로 떠오른다. 당신은 당신이 사랑하는 그녀를 이해할 수 없다. 왜 불가능한 것을 계속 요구하는지, 왜 증거를 보여달라고 조르는지, 왜 날마다 사랑한다는 말을 반복하기를 강요하는지 도무지 이해할 수 없다. 그렇게 시달리다가 당신은 그녀와 헤어진다. 그리고 말한다. 왜 그녀를 사랑했는지 당신 스스로도 이해할 수 없다고. 당신은 그를 이해할 수 없다. 왜 아무 말도 하지 않는지, 왜 사랑한다는 말 한 마디 하는 것을 그렇게 힘들어하는지, 왜 호시탐탐 잠자리만 하려고 노력하는지. 그렇게 답답해하다가 당신은 그와 헤어진다. 그리고 말한다. 다시는 그런 고통을 겪고 싶지 않다고. 그리고 모두는 돌아본다. 사랑에 빠져 있던 그 시간 동안 자신이 얼마나 고통받았는지를. 그리고 원한다. "사랑에 빠지지 않고 사랑하기를".[3] 이는 아주 현실적인 바람일 수 있다.

사랑에 실패한 사람들은 그 과정이 얼마나 고통스러운 것인지 안다. 설령 사랑을 비교적 순조롭게 꾸며가고 있는 사람들도 사랑의 과정이 행복만큼 큰 고통을 동반한다는 것을 기꺼이 수긍한다. 사랑은 아이를 키우는 것과 같아서(나중에 보겠지만, 이 과정은 사랑의 연장선상에 있다), 고통스러운 시간 속에서만 이런저런 행복을 낳는다. 사랑은 고통스러울 수 있다.

그러한 고통은 어쩌면 사랑에 자연스럽게 따라오는 것이다. 그러나 객관적인 수준에서도 사랑은 치명적인 위험일 수 있다. 사랑에 눈먼 사람들은 아무것도 돌아보지 않는다. 오로지 서로에게만 집중하며, 주변에서 무슨 말을 하건 개의치 않는다. 사람들이 사랑에 빠진 사람들을 "정신 나간 것들"이라고 비아냥거릴 때도 그들은 행복하다. 그들은 어쩌면 사회의 일상적인 재생산 구조 밖으로 빠져나간 존재일지도 모른다. 제대로 사랑에 빠진 존재들은 사랑하는 것 말고는 아무것도 하지 않을 수 있다는 사실이 그것을 입증한다.

또한 사랑은 사회의 모든 구분과 격자체계를 위험에 빠뜨린다. 사랑만큼 짓궂은 것도 없다. 사랑해서는 안 될 사람들이 만나 사랑에 빠지기도 하고, 사회적으로 주어진 경계가 사랑을 통해 무력화되기도 한

---

3) 이는 프랑스의 만남 사이트인 미틱(Meetic)의 광고 문구이다("사랑에 빠지지 않고 사랑할 수 있습니다"). 우리 역시 수많은 인터넷 사이트에서 이러한 논조의 광고를 쉽게 접할 수 있다. 바디우는 한때 파리 시내를 도배하다시피 했던 이러한 광고 문구를 인용하는 것으로 『사랑 예찬』을 시작하고 있다.

다. 영화와 텔레비전에 자주 등장하는 신데렐라 이야기가 왜 그토록 사람들을 사로잡을까? 그 이야기가 비현실적이며, 한낱 환상일 뿐이라는 사실을 모르는 사람은 없다. 대부분의 사람들이 그러한 이야기를 엉터리라고 비난한다. 그렇게 욕을 먹지만 그러한 이야기는 지속적으로 재생산된다. 왜일까? 이를 단순히 사람들이 지닌 낭만적이고 동화적인 감성 탓으로만 돌릴 수는 없다. 그러한 이야기가 사라지지 않는 이유는, 그것이 경계를 뛰어넘는 사랑의 성격을 잘 드러내주기 때문이다. 그러한 사랑이야말로 가장 절절한 사랑, 가장 사랑다운 사랑인 것이다. 누구나 아는 바와 같이 사랑에는 경계가 없다. 그것이 인종적인 경계이든, 사회적인 경계이든, 국가적인 경계이든, 사랑 앞에서 모든 경계는 무력화된다. 사랑의 이러한 특성은 때로 사랑을 비극으로 몰고 가기도 한다. 『로미오와 줄리엣』이 무엇인가? 원수의 집안 사이에서 일어난 사랑이 만들어내는 비극이 아닌가.[4] 이런 진부한 이야기는 오늘날에도 계속된다. 의사를 향한 식모의 사랑, 텔레비전 드라마 「지붕뚫고 하이킥」에서 세경의 사랑은 결국 '지속'으로 향할 수 없었던 안타까운 사랑이 아닌가. 그 사랑이 지속될 수 있는 것은 오로지 멈춰진 시간 속에서일 뿐이다. 아름다운 이야기 속에서도 사랑은 위험하다.

오늘날 이러한 사랑의 위험에 대한 확신은 일반화되어 있다. 오늘날의 세계를 규정하는 것은 모든 사람이 각자의 이해관계를 가장 우선적

---

4) Alain Badiou, *Éloge de l'amour*, Flammarion, 2009, p. 32.

인 것으로 간주한다는 확신이다.[5] 모든 사람은 고통을 피하고자 하고, 자신의 안락을 위한 이익을 추구한다. 그러나 사랑은 그렇지 못하다. 사랑은 대부분 고통스럽고, 자신의 이익에 도움이 되지 않는다. 그래서 젊은이들은 더 이상 사랑하려고 하지 않는다. 그 시간에 자신에게 도움이 되는 스펙을 쌓는 편이 더 낫다. 그것은 나중에 자신의 상품가치를 높여줄 테지만, 말도 안 되는 고통을 감수해야 하는 사랑은 나에게서 풍요로운 미래를 준비할 시간을 빼앗아갈 것이다. 사랑은 위험하다.

이러한 세태는 사랑을 불가능으로까지 몰고 갈 수도 있을 것 같다. 그러나 사랑이 무엇인가? 위험한 줄 알면서도 빠지는 것이 사랑이다. 내 마음대로 할 수 없는 것, 빠지기 싫다고 속으로 되뇌면서도 빠질 수밖에 없는 것이 사랑이다. 인터넷 만남 사이트의 화려한 프로필도 함박웃음을 지으며 계단에서 내려오는 아름다운 여인과의 만남을 가로막을 수는 없다. 그래서 만남의 가능성은 우리에게 항상 열려 있다. 피하려고 몸부림쳐도 다가오는 만남. 그것을 통해 사랑은 시작된다.

3. 사랑에 대한 바디우의 테제들

이러한 만남이 갖는 사건으로서의 성격은 바디우의 철학적 성찰에서 잘 드러난다. 그에게 만남이란 그 자체로 사건이다. 바디우의 철학

---

5) Cf. *Ibid.*, p. 22.

이 말하는 사건은 주어진 상황을 지배하는 법칙성을 벗어나는 것으로, 오로지 우연의 형식을 통해서만 나타난다. 그래서 사건은 늘 돌발적이며, 구조적 필연과 어떤 인연도 맺지 않는다. 사랑은 두 성의 분리를 체험하는 사건으로서 오로지 우연한 만남만이 그것을 가능하게 한다. 그렇게 '하나'를 벗어난 두 개의 성은 '둘'(un Deux)이 된다.

이 '둘'(Deux)이라는 표현에 주목할 필요가 있다. '둘'은 최초의 다수이다. 다시 말해, 만남은 유아론적인 주체에서 벗어나 '둘'이라는 최초의 다수를 만들어낸다. 최초의 다수가 출현하는 지점, 그것이 바로 만남이라는 사건인 것이다. 만남이란 두 성으로 하여금 '하나'의 입장에서 벗어나 '둘'로 나아가게 한다. 만남 이전에는 '둘'이 없다. 타자와의 진정한 조우란 이러한 '둘'의 성립을 통해 실현되는 것이다.

그렇게 바디우는 사랑을 통해 '둘'의 길을 구체적으로 수립한다. 여기서 그의 사랑에 대한 담론이 어떤 과정을 거쳐 성립하는지 살펴보자. 핵심은 그가 일자로 통합되는 사랑에 대한 관점을 버리고 '둘'의 관점을 수립하는 과정이다. 바디우는 사랑에 대한 몇 가지 정의를 비판하면서 사랑을 '하나'의 길에서 벗어나게 한다.

그가 거부하는 사랑의 정의는 ① 융합적 사랑, ② 희생적 사랑, ③ 상부구조적 사랑이다.[6] 융합적인 사랑의 정의는 사랑을 황홀경의 하나

---

6) Alain Badiou, *Conditions*, Seuil, 1992, pp. 255~56(한글 번역본, 『조건들』, 새물결, 338~39쪽).

로 간주하는 것이다. 이는 둘이 만나 하나가 된다는 관념이고, 희생적 사랑은 동일자를 타자에게 바치는 타자의 관점이며, 상부구조적 관념은 사랑을 성적 욕망을 장식하는 환상으로 간주하는 것이다. 주목할 만한 것은, 바디우는 라캉이 종종 이러한 상부구조적 관점에 노출되는 것으로 여긴다는 사실이다. 물론 그것은 라캉이 팔루스적 함수와 사랑을 관련지을 때, 남성의 입장에서 사랑을 이야기할 때 드러나는 것이다. 그러나 이러한 관계 밖에서 사랑을 말할 때, 라캉의 논의는 존재론적 당위만을 강조한다. 반대로 사랑을 관계의 가정 속에 밀어넣을 때 라캉은 이러한 관점에 노출된다('사랑은 상호적이다').[7]

이런 비판적 전제 아래 바디우는 사랑에 대한 공리를 구성하는 네 가지 테제를 내세운다. 이러한 공리적 접근은 필연이다. 다른 진리의 절차와 달리 사랑하는 주체의 경험은 사랑에 대한 어떠한 지식도 구성하지 않는다. 다시 말해, "사랑은 스스로를(자신의 사유를) 사유하지 않는다"(L'amour s'impense).[8] 결국 사랑에 대한 테제들은 순수하게 논리적인 것이 되어야 하는 것이다.

바디우는 다분히 수학적인 증명의 형식 속에서 자신의 테제들을 선언한다. ①경험에 대한 두 입장이 있다. ②두 입장은 완전히 분리되어 있다. ③제3의 입장은 없다. 이는 명백히 분리의 테제들이다. 남성의

---

[7] *Ibid.*, p. 256(번역본, 339쪽). 사랑은 관계라는 잘못된 가정 아래에서만 실패한다.
[8] *Ibid.*, p. 257(번역본, 340쪽).

입장과 여성의 입장은 단지 사후에 확립되는 것이며, 사랑만이 이 두 입장을 정확히 개별화한다. 그러나 이러한 두 입장의 분리는 내부에서 관찰될 수 없기 때문에 직접적으로 앎의 대상이 될 수 없다. 분리에 대한 지식을 말하려면 제3의 입장이 필요하다. 그러나 세 번째 테제는 그것을 금지한다. 결국 우리는 제3의 입장 없이 분리를 이야기해야 한다. 그러나 그것은 분리된 입장 속에서는 불가능하다.[9]

이러한 분리의 테제들을 확립한 다음 바디우는 네 번째 테제에서 그러한 분리를 통합하는 함수를 수립한다. 그 테제는 이러하다. ④ 오지 하나의 인류가 있다. 이 인류는 관념적이거나 생물학적인 인류 개념과는 완전히 다른 것이다. 바디우는 자신의 진리 철학을 따라 인류 개념을 구성하는데, 그것은 진리의 절차를 지탱하는 것으로서의 인류이다. 진리의 절차들은 오로지 인류라는 기호 안에서만 가능한 것이다.

바디우는 이 함수를 H(x)라고 표기한다. x는 하나의 (진리의) 유적 절차 속에 주체로서 움직이고 있다는 의미이다. 결국 활성화된 주체인 x는 인류 함수가 실존한다는 것을 입증하는 것이다.[10] 주체의 실존을 통하여 입증되는 인류 함수는 진리의 보편성을 지시한다. 이것이 앞의 세 가지 테제와 연결될 때 비로소 그 의미가 드러난다. 분리되어 있는 두 입장을 관통하는 것은 바로 진리이다.[11] 진리를 통해 다른 입장에

---

9) *Ibid.*, pp. 257~58(번역본, 341~42쪽).
10) *Ibid.*, p. 259(번역본, 343쪽).

속한 x는 그 입장에서 벗어나 인류로서 통합된다. 진리는 입장을 초월하는 매개이다.

바디우는 이렇게 사랑이라는 사건을 말하기 위해 여러 가지 조건을 조성한다. 관건이 되는 것은 세 번째와 네 번째 테제이다. '제3의 입장은 없다'는 세 번째 테제는 이러한 성의 분리에 대해 말하기 위해 다른 무언가가 외부에서 들어와야 한다는 결론, 즉 이 분리에 무엇인가가 얹혀야(supplémenter) 한다는 결론을 끌어낸다.[12] 이것이 바로 만남이라는 사건이다. 만남의 사건은 분리 위에 얹혀서 사랑의 절차를 유도해내는 계기이다. 바로 이 만남이라는 사건이 만들어내는 진리야말로 진정한 '둘'을 도래하게 한다.

그러나 이 둘은 두 입장의 셈으로서의 둘이 아니다. 이것은 그저 분리된 둘, 주어진 것으로서의 둘이다. 우리가 흔히 커플이라고 부르는 쌍쌍의 연인은 밖에서 바라본 무차별적인 둘이지 결코 분리된 둘이라고 볼 수 없다. 분리된 둘이란 전체적인 분리, 즉 제3의 입장이 없는 분리이다. 다시 말해 "두 입장은 둘로 셈해질 수 없다."[13] 사랑은 셋을 모르기 때문에 결코 둘로 셈해지지 않는다는 것이다.

결국 바디우는 이러한 셈의 불가능성으로 인하여 첫 번째 테제를 수정한다. 1-1) 하나의 입장이 있고 또 하나의 입장이 있다. 이 수정된

---

11) *Ibid.*, p. 259(번역본, 344쪽).
12) *Ibid.*, p. 258(번역본, 342쪽).
13) *Ibid.*, pp. 261~62(번역본, 346~47쪽).

테제는 완전한 분리를 표현하는 것이다. 완전한 분리 속에 있는 두 가지 입장은 서로 식별 불가능한 입장이다. 달리 말하면 이 두 입장은 서로를 알지 못한다. 만약 다른 입장에 대한 경험을 가정한다면 그것은 분리된 둘일 수 없다. 둘은 (하나의 입장 속에) 내재화되기 때문이다.[14] 둘은 철저히 분리된 둘이고, 그렇기에 (분리된) 둘의 '존재'는 알려지지 않는다.

4. 사랑의 사건과 인류 함수

결국 이렇게 분리된 둘의 만남으로 엮이는 것이 바로 사랑의 사건이다. 그것은 만남을 통해 진정한 둘을 도래하게 한다. 만남, 이 우발적인 엮어짐은 하나의 선언, '사랑한다'는 선언을 통하여 고정되며 공백을 호출한다. 그 공백은 다름 아닌 둘의 분리라는 공백이다. 공백으로서의 둘은 사건과 함께 도래하는 것이다. 그 사건적 언표는 확실히 하나를 파괴하고 '둘'을 상황 속에 성립시킨다. 이제 바디우는 분리를 넘어 분리의 진리로 나아가는 것이다. 둘의 성립에서 '나는 너를 사랑한다'는 선언은 둘을 위해 하나를 파괴하는 언표로서의 사랑을 상황 속에 유통시킨다.

사랑은 이 최초의 명명(나/너/사랑의 관계 지음)에 대한 끝날 수 없는

---

14) *Ibid*., p. 262(번역본, 347쪽).

충실성이다.15) 나는 너를 사랑한다는 첫 번째 언명에 대한 지속적인 충실성, 그것이야말로 둘의 만남이라는 사랑의 사건이 둘에게 돌려놓는 무한한 과정의 지표이다. 이제 나와 너라는 둘은 비로소 상황 속에서 '둘'로 성립되고 무한으로 나아간다.

그러나 그 상황은 하나이다. 사랑을 통해 분리의 존재는 상황의 분리로 나아가지 않는다. 그것은 연인들에게 유일한 상황이며 분리는 이 상황의 법칙이 된다. 여기서 두 입장을 관통하는 인류 함수 $H(x)$의 효과는 단일하다. 이 진리는 모든 사람에게 해당하기 때문이다. 이제 둘의 진리는 상황의 통일성을 보장한다. 이렇게 분리에 의해 사유된 사랑의 진리는 하나로서의 다수(multiple-un)에 의해 성립된다.16)

이러한 사랑의 사건으로서의 둘의 출현은 결코 사랑의 상부구조적 관점에 포섭되지 않는다. 사랑과 욕망은 상/하부 구조의 구분을 넘어 완전히 다른 것이 된다. 바디우에 따르면 사랑은 욕망과는 완전히 이질적인 것이 된다. 그 둘은 동일한 육체에 관계하지 않는다. 바디우에게 사랑이 없는 성적 행위란 "엄밀한 의미의 자위행위"이다. 욕망의 성행위는 "한 입장 내부에만 관계하는 것이기 때문이다." "오직 사랑만이 성을 둘의 형상으로 드러낸다."17) 그렇게 사랑의 진리는 엄격히 분리된 '둘'의 진리이다. 그럼에도 둘의 진리는 '하나'이다. 둘의 만남

---

15) *Ibid.*, p. 263(번역본, 349쪽).
16) *Ibid.*, pp. 263~64(번역본, 348~50쪽).
17) *Ibid.*, p. 259(번역본, 352쪽).

속에서 사랑의 사건의 무한한 상황은 하나의 진리만을 표시한다. 분리를 전제로 하는 사랑의 상황은 둘에게 유일한 것이다.

우리는 여기서 사랑의 사건이 행하는 작용이 무엇인지를 질문할 수 있다. 사랑은 '둘'을 무엇으로 인도하는가? 사랑은 '둘'을 하나로 만드는가? 사랑은 서로에 대해 배우게 하는가? 그렇지 않다. 사랑의 진리가 둘의 형상을 드러내는 분리의 진리라면 그 진리는 결코 둘을 하나로 셈하지 않는다. 둘의 각각은 다른 성에 대해 배우지 않는다. 바디우는 사랑을 "둘의 관점에서 행하는 세계에 대한 탐색"이라고 말한다.[18]

그렇다면 이러한 탐색을 통해 사랑은 무엇을 알게 하는가? 바디우에게 모든 사건은 강제(forçage)와 연결되어 있다. 진리가 출현했을 때 이 무한한 진리는 결코 완전한 방식으로 현시되지 않는다. 따라서 진리는 사후에 (진리에 대해 선취된) 앎으로 강제된다는 것이 바디우의 후(後)사건적 과정의 핵심이다. 사랑의 경우 이 앎은 성별화된 분리에 대한 앎이다. 바로 이러한 앎이 사랑으로부터 강제되는 것이다.[19]

그런데 둘의 입장은 둘로 분리된 것이기에 그 앎 자체도 분리된 모습으로 나타난다. 사랑을 바라보는 남성의 입장과 여성의 입장이 서로 다른 것이다. 남성의 입장은 분리의 공백을 고정시키는 둘의 분할, 둘-사이(entre-deux)를 지지한다. 그래서 남성이 확인하는 언표는 "우리

---

18) *Ibid.*, p. 268(번역본, 355쪽).
19) *Ibid.*, pp. 268~69(번역본, 355~56쪽).

는 하나가 아닌 둘이었다는 것"이다. 여성의 입장은 둘이 방랑 속에 지속되는 것을 지지한다. 그리하여 여성이 확인하는 언표는 "우리는 둘이었고, 그렇지 않았다면 우리는 있지도 않았다"는 것이다.

바디우는 여성의 언표를 있는 그대로의 존재를 겨누는 존재론 언표로 보고, 남성의 언표는 둘을 가정함으로써 수의 변화와 하나의 고통스러운 난입을 겨누는 것으로 단정한다. 이는 존재론적이라기보다는 논리적이다.[20] 바디우는 사랑을 통하여 둘의 입장을 분리해내며 그 언표들이 지닌 충돌을 드러낸다. 논리적 언표와 존재론적 언표 사이의 충돌은 필연적이다. 하지만 그 두 언표는 모두 '둘'을 드러낸다. 분리된 입장과 그 입장들을 가로지르는 진리. 이것이 바로 바디우가 말하는 둘의 사건으로서의 사랑에 대한 논리적 담론이다.

이러한 입장의 분리를 통해 바디우는 두 성에 대한 아주 중요한 정식화를 수립한다. 그것은 바로 인류 함수 H(x)와 사랑의 사유에 대한 정식화이다. 함수 H(x)는 인류를 표시한다. 이것은 과학·정치·예술·사랑이라는 진리의 네 가지 유형의 "잠재적인 윤곽"을 표현하는 함수이다. 결국 H(x)는 진리를 통해서만 성립하는 함수인 것이다. 분리된 입장들은 이 함수에 대해서도 역시 분리되어 있다. 이러한 분리

---

[20] *Ibid.*, p. 269(번역본, 356~57쪽). 바디우는 베케트의 저작을 사랑에 대한 사유로 간주하며 그의 희곡에서 두 가지 입장의 분리를 구체화해낸다. 베케트에게 사랑에 대한 남성의 입장은 명령과 고정성을 결합시킨 입장이며, 사랑에 대한 여성의 입장은 방랑과 이야기를 결합시킨 입장이다. 그것에 관해서는 Alain Badiou, *Beckett: L'increvable désir*, Hachette, 1995, pp. 55~60을 보라.

는 결정적이다.

바디우에 따르면 "남성의 입장에서 각 절차의 유형은 다른 절차의 유형을 고려하지 않은 채 그 자체로 함수 H(x)에 가치를 제공한다." 다시 말해 남성에게서 "각 진리의 유형은 다른 진리의 유형을 은유적으로 표현한다. 그러한 은유는 각각의 유형에서 인류 H를 내재적으로 긍정하는 것이다."[21] 그러나 여성의 입장은 철저히 다르다. 여성의 입장에서 이 짜임은 사랑이 네 가지 유형을 하나로 묶고 있고, 인류란 이러한 조건 아래에서만 존재한다. 결국 여성의 입장은 사랑 없이는 인류가 성립할 수 없다는 것을 말한다. "함수 H(x)가 가치를 갖는 것은 사랑의 유적 절차가 존재하는 한에서이다."[22]

그렇다. 여성의 입장이란 사랑을 그 기축으로 하여 나머지 진리의 유형을 감싸는 것이다. 사랑이야말로 여성에게 인류를 성립시키는 유일한 절차이다. 여성적 입장으로 파악된 인류, 다시 말해 "인류의 여성적 표상은 전체적인 지각을 가능하게 하며, 그것이 실패할 경우 비(非)인류로 가닿는다."[23] 그러나 바디우는 여성의 입장이 갖는 이러한 난점을 구실 삼아 남성의 입장을 보편적인 것으로 승인하지는 않는다. 만남을 피해갈 수는 없다. 결국 보편성에 가 닿는 것, 사랑을 통해서 인류를 성립시키는 보편성을 엮어내는 것은 여성의 입장이다.

---

21) *Ibid.*, pp. 271~72(번역본, 359~60쪽).
22) *Ibid.*, pp. 270~72(번역본, 358~60쪽).
23) *Ibid.*, p. 272(번역본, 360~61쪽).

바디우의 관심은 둘 가운데 누가 보편성의 입장을 지니느냐에 있지 않다. 그 보편성을 보증하는 것이 무엇인가가 그의 관심이고 그 해답은 바로 사랑, 모든 진리의 유형을 H(x) 안에서 하나로 묶는 분리의 진리로서의 사랑이다. 여성은 H(x)의 보편성을 보증하기를 원하고, 그것은 여성에게서 사랑을 통하여 이루어지기 때문에 여성의 입장은 H(x)를 긍정한다. 오로지 여성의 입장에서만 모든 x에 대해 H(x)가 성립한다.[24] 다시 말해 모든 x(주체)는 진리의 절차를 지탱하며 인류를 성립시킨다.

5. '둘'의 무대와 세계의 열림

그렇게 사랑은 분리된 두 입장의 만남을 전제로 한다. 그리고 이러한 만남으로서의 사랑은 최초의 다수인 '둘'을 성립시킴으로써 '다수의 세계'를 향해 나아간다. 둘의 만남 이전의 세계는 철저히 동일성을 바탕으로 파악되는 세계이다. 모든 주체는 자기 동일성을 출발점으로 하여 세계를 대한다. 그러나 타자와의 만남(이 타자는 분리된 성[性]으로서의 타자이다)은 세계에 대한 새로운 탐험을 가능하게 한다. 이제 만남은 우리로 하여금 하나의 관점이 아닌 둘의 관점으로 세계를 바라보게 하는 것이다.

---

24) *Ibid*., p. 273(번역본, 361쪽).

'둘'의 세계는 '하나'의 세계와 전혀 다르다. 그 세계는 동일성이 아닌 차이를 통해 검토되고, 실천되고, 체험되는 세계이다.[25] 사랑에 빠진 '둘'이라는 주체는 이제 예전과는 전혀 다른 방식으로 세계를 탐험한다. 그 세계는 동일자의 관점에서 파악된 세계가 아니라 '둘'이 함께 바라보는 세계인 것이다. 그것이 사랑이 빠진 이들이 세상을 다르게 바라보게 되는 이유이다.

사랑하는 연인이 원하는 것은 모든 것을 상대와 함께하는 것이다. 그들은 아름다운 바다의 일몰을 함께 바라볼 때 더없이 행복해하며, 이어폰을 나누어 끼고 같은 음악을 들으며 서로를 어루만진다. 그들은 아무도 없는 산허리에서 같은 새소리를 들으며 경이로워하고, 꽃이 핀 정원을 함께 걸으며 같은 바람을 맞기도 한다. 그러한 세계를 마주할 때, 그들의 가슴은 쉬지 않고 콩닥거린다. 그들이 원하는 것은 '둘'의 경험, 유아론적인 고독 속에서의 경험이 아닌 함께하는 '둘'의 경험인 것이다.

이러한 둘의 만남, 즉 만남이라는 사건은 둘을 다수의 세계로 이끈다. 만남 이전의 세계가 동일자라는 중심을 통해 경험되는 세계였다면, 만남 이후에 둘이 탐험하는 세계는 탈중심화된 관점에서 행하는 세계의 '건설'(construction)이다. 그 둘이 건설하는 세계가 바로 사랑인 것이다.[26] 이러한 건설은 단순한 경험이 아니다. 지식의 대상으로

---

25) Alain Badiou, *Éloge de l'amour*, Flammarion, 2009, p. 26.

서의 세계의 경험, 윤리적 계기로서의 타자의 경험은 모두 세계의 건설로서의 사랑과는 다르다. 우리는 바디우를 따라 이를 사랑을 통한 새로운 세계의 건설이라고 말할 수 있다.

사랑 속에서 태어난 아기는 얼마나 경이로운가? 이 경험보다 신비한 것은 없으며, 이 경험처럼 앞으로 펼쳐질 일들을 흥미진진하게 만드는 것도 없다. 아이는 사랑하는 둘에게 가장 새로운 세계의 탄생이다. 함께 만들어낸 새로운 세계이자, 함께 겪어나가야 할 새로운 세계는 비단 아이의 탄생만으로 제한되지는 않는다. 아이를 가질 수 없다 해도, 그 연인 앞에는 무수히 많은 새로운 세계가 기다리고 있기 때문이다. 이것이 각각이 행하는 건설이 아닌, 가히 역설적인 '동일한 차이'(만남의 '둘')가 수행하는 세계의 건설임은 두말할 나위도 없다.

그렇게 사랑은 건설이자 둘의 관점에서 만들어지는 삶이다. 바디우는 이러한 사랑을 '둘의 무대'(la scène du Deux)라고 일컫는다.[27] 바로 이러한 건설의 과정 속에서 고통이 찾아드는 것이리라. 이전까지 자신을 중심으로 세계를 전유하던 각각은 이제 '둘'이 되어 "차이의 프리즘을 거쳐 세상에 전개"된다."[28] 철저한 분리 속에 있던 두 성이 사랑 속에서 '둘'이 되어 세계를 건설하는 일은 결코 순조롭지 않을 것이기에 이 과정은 고통스러울 수밖에 없다.

---

26) *Ibid.*, p. 28.
27) *Ibid.*, p. 33.
28) *Ibid.*, p. 29.

세계의 건설이라는 말은 그 자체로 사랑이 지속됨을 뜻할 것이다. 그것은 동시에 사랑의 진리이기도 하다. 결국 중요한 것은 사랑의 지속, '둘의 지속'이다. 지속은 사랑의 시험대로 기능한다. 바디우의 철학적 담론이 다루는 사랑은 만남 자체보다는 만남 이후의 과정을 강조한다. 새로운 삶의 건설이라는 만남 이후의 과정을 지속하기 위해 필요한 것이 바로 사랑에 대한 충실성이다. 이 말을 단순하게 받아들여서는 안 된다. 사랑에 충실하다는 것은 다른 이와 내연관계를 맺지 않는 것으로 환원될 수 없다. 오히려 사랑을 잊고, 다시 유아론적 주체로 돌아가거나, '둘'이기를 포기하는 것이야말로 사랑에 충실하지 않은 것이다. '둘의 무대'가 가져오는 고통과 충돌·불확실성 등을 감수하고, 그것과 지속적으로 대면하는 것이야말로 사랑에 충실한 길이다.

이렇게 볼 때, 일반적으로 사랑은 자주 배신당한다. 특히 제도로서의 결혼 속에서 더욱 그러하다. 확실히 우리는 결혼을 통해 가족이라는 새로운 세계를 얻는다. 그런 점에서 가족적 세계는 사랑의 일부이기는 하지만, 그렇다고 해서 사랑이 결혼으로 환원되는 것은 아니다.[29] 오히려 결혼은 종종 사랑을 중단시키곤 한다.

결혼 이후 사람들의 욕망은 가족의 안전과 풍요로움과 안락함 속에 갇힌다. 새로움과 떨림은 사라지고, 파트너가 하는 말은 일상적인 것으로 치부되곤 한다. 새로운 이야기도 없고, 세계에 대한 경이도 없다.

---

29) *Ibid.*, p. 35.

사회적으로 부여된 관성에 따라 아이를 키우고, 아이의 안락과 미래를 위해 '둘'은 희생된다. 새로움은 사라진다. 이러한 관성적인 삶은 사랑의 건설과 가장 멀리 떨어진 것이다. 다시 말해 사랑은 배신당한 것이다. 그 과정 안에 지속이 없다면 사랑은 없는 것이다. 그렇게 사랑의 '둘'은 사라진다. "사랑은 지속하고자 하는 강한 욕망"이기 때문이다.[30]

사랑은 끊임없이 삶을 새롭게 이어지도록 하는 계기이다. 그러한 새로운 이어짐이야말로 사랑을 진리의 절차로 만드는 결정적인 근거이다. 이러한 새로움은 사랑을 위험한 것으로 만든다. 새로움은 '새것'과는 다르다. 알려지지 않은 것으로서의 새로움은 언제나 모험을 수반한다. 그래서 사랑은 종종 모험으로 묘사된다. 그것이 새로운 삶, "알려지지 않은 지속에 대한 강한 욕망"과 직접적으로 맞닿아 있기 때문이다.[31]

오늘날 사람들이 기피하는 것이 바로 그것이다. 알려지지 않은 것의 갑작스러운 침입, 내일에 대한 전망을 흐리게 하는 불확실성. 이러한 것이야말로 사랑을 배신으로 이끄는 현대성(modernité)임은 말할 필요조차 없다. 모든 합리적인 예측을 불가능으로 몰아넣는 사랑은 어느새 배신당하곤 하는 것이다.

사랑은 만남을 통해 새로운 세계가 열리는 과정이다. 세계의 열림은

---

30) *Ibid*., p. 36.
31) *Ibid*., p. 36.

사랑의 경이와 행복을 보여준다. 그러나 그러한 경이와 행복은 불확실성과 고통을 반드시 수반한다. 경이로움과 불확실성의 공존, 행복과 고통의 공존. 이러한 모순적인 상황을 사랑은 반드시 동시적으로 포함하고 있는 것 같다. 어쩌면 그것이야말로 사랑의 본성이다.

6. 사랑이라는 다리 절기

거의 언제나 사랑은 순조롭지 않다. 비-관계를 통해 규정되는 두 성(性)이 만나는 것 자체가 그러한 역경을 이미 예고하고 있다. 사랑에는 불협화음이 있다. 아주 현상적으로 말하면, 이는 남성의 입장과 여성의 입장——이는 생물학적 구분이 아니다——이 갖는 차이에서 연유할 것이다.

남성의 사랑은 벙어리이고 여성의 사랑은 이야기의 연속이라는 점, 남성의 입장은 고정성이고 여성의 입장은 방랑이라는 점은 베케트를 통해 잘 드러나는 양성의 상이한 특성이다.[32] 이는 필연적으로 충돌을 일으킬 수밖에 없는 입장 차이이다. 남성의 입장은 사랑을 말하지 못하지만, 그래서 사랑한다는 말을 벙어리처럼밖에 할 수 없지만, 여성의 입장은 사랑을 확인할 이야기들을 필요로 한다. 일상적으로 목격할

---

[32] 이에 대해서는 졸고, 「바디우의 문학론」, 『프랑스철학과 문학비평』, 문학과지성사, 2008 참조.

수 있는 연인의 다툼은 바로 두 개의 분리된 입장에서 연유하는 것처럼 보인다.

그러나 그것이 전부는 아니다. 오히려 더욱 근본적인 것은 그러한 불협화음이야말로 사랑의 모순적인 본성이라는 사실이다. 사랑은 절대 대상으로 환원되지는 않지만, 그렇다고 대상을 완전히 배제하지도 않는다. 사랑이 성적 욕망을 동반한다는 점에서 사랑은 대상을 통해 성립하고 대상에 몰입한다. 사랑에 빠진 이들은 자신의 몸을 상대에게 넘겨준다. 사랑하는 이 앞에서 옷을 벗고, 상대방을 애무하며 상대방의 애무를 받아들이는 것은 사랑 앞에 자신의 몸을 위임한다는 증거이다. 성적 욕망은 사랑의 물질적 증거인 것이다.[33]

그렇게 사랑은 대상에 몰입한다. 사랑은 기본적으로 몰입의 구조를 취한다. 사랑하는 연인의 눈에는 늘 사랑의 대상으로서의 상대방이 새겨진다. 그러나 사랑은 또 다른 질서에 따라 움직인다. 이 책의 역자 또한 어쩔 도리 없이 인정하고 있듯이, 사랑은 대상에 대한 몰입과 결부된 동시에 대상과는 전혀 다른 무언가를 갖는다. 그것이 바로 '둘의 무대'로서의 사랑이다. '둘'은 다수를 향해 열린 둘이다. 앞서 보았듯 사랑은 삶을 끊임없이 재창조하고, 새로운 세계를 탐험한다. 그래서 사랑은 외적으로 확장된다.

내적인 몰입과 외적인 확장 — 이러한 사랑의 동시적인 수렴/발산

---

33) Alain Badiou, *Éloge de l'amour*, Flammarion, 2009. p. 37.

은 현기증을 유발한다. 이는 짧은 다리와 긴 다리로 걷는 걸음이다. 그 걸음은 힘겨운 다리 절기로 나타날 수밖에 없다. 그래서 바디우는 사랑의 과정을 다리 절기(boiterie)라고 부른다. 다리 절기란 무엇인가? 그것은 "불가능한 걷기"이다. 다시 말해 "다리 절기란 그 자체로 걸음인 동시에 걷기를 금지하는 것이다."[34] 완전한 걷기라는 것은 사랑에서 가능하지 않다. 수렴/발산의 조화는 사랑에서 가능하지 않다. 사랑은 그 두 가지 사이에서 항상 절뚝거린다. 그리고 역설적으로 이러한 다리 절기야말로 사랑을 지속적으로 실행하는 동력이 된다.

그렇다. 사랑하는 연인들은 항상 사랑의 기쁨에 몸부림치며 번민에 빠지고, 사랑의 즐거움에 아파한다. 이러한 다리 절기는 사랑과 동시에 시작된다. 연인 앞에 던져진 이 어려운 과정을 회피하지 않고 그것을 사랑의 동력으로 유지하는 것이 다름 아닌 충실성일 것이다. 순조로운 사랑이란 없다. 모든 사랑은 위기를 반복하고 고뇌를 만들어낸다. 길이가 다른 두 다리를 힘겹게 끌고 가는 것만이 사랑의 위대함을 보여주는 일이다. 그 위기를 회피하고 안전한 사랑을 찾는 것, 그 고뇌를 외면하고 서로 다른 '둘'의 충돌을 감수하지 않는 것은 다리를 저는 노고를 감수하지 않는 것이며, 그것은 곧 사랑을 거부하는 것이다.

사랑의 주체가 되는 것은 이러한 다리 절기를 받아들이는 일이다.

---

34) Alain Badiou, "La scène du Deux", in *De l'amour*(sous la direction de l'École de la Cause freudienne), Flammarion, 1999, p. 187.

바디우의 말대로 사랑은 이러한 절뚝거림을 감내하는 노고의 질서인 것이다.[35] 사람들이 두려워하는 것은 바로 이러한 피곤함이다. 그러한 절뚝거림이 만들어내는 고뇌는 항상 사랑에 대해 생각할 것을 요구한다. 사랑 속에서 우리는 항상 생각한다. 그것은 대부분 고뇌와 번민으로 나타나지만, 그것이 생각하는 과정임에는 틀림없다. 그렇게 사랑은 사유의 과정을 필요로 하며, 더 나아가 그 자체가 사유일 것이다. 게다가 그것은 새로운 것을 향하는 사유이다.

진정한 어려움은 여기에 있다. 하나가 아닌 '둘'의 입장에서 존재를 외부의 다수로 나아가게 하는 것은 새로운 삶을 창조하는 일이고, 또한 그것을 '둘'을 이루는 나의 삶으로 받아들이는 일이다. 그리고 그것은 유아론적인 '나'의 삶, 즉 '하나'의 삶을 포기하는 일이기도 하다. 이것이 어찌 쉬운 일이겠는가?

그렇다. 사랑의 주체는 주어진 것이 아니다. 사랑의 주체는 '둘'의 난입을 시작으로 하여 만들어지는 것이다. 결국 사랑의 주체가 되는 최초의 선언——사랑한다는 선언——의 순간보다 중요한 것은 그 주체가 되기를 계속하는 일이다. 가장 어려운 것은 바로 이러한 충실성의 과정, '둘'의 무대를 유지하면서 앞으로 나아가는 다리 절기의 과정이다. 그러나 두려워 달아나서는 안 된다. 만남을 피해 도망치는 모습은 그리 아름답지 못할 뿐 아니라 불행해 보이기까지 한다. 오히려 바디

---

35) *Ibid.*, p. 188.

우에게 사랑은 그 다리 절기를 흔쾌히 감수하는 힘겨운 과정이다.

이러한 모든 과정은 사랑에 빠진 연인들에게 보편적으로 나타나는 난점이다. 그러한 난점을 극복하지 못하고 사랑을 포기하는 일은 그 '둘'에 대한 탐험을 중단하는 것으로 나타난다. 그럴 때 사랑은 이어지지 않고, 중단되거나 버림받는다. 진정한 타자의 사유는 바로 그러한 둘의 사유로부터 이어진다고 할 때, 그것을 포기하는 것은 '나'의 사유로 복귀하는 것일 수밖에 없다.

어쩌면 이는 오늘날의 사랑이 맞닥뜨린 운명일 수도 있다. 쉬운 사랑, 안전한 사랑, 모험이 없는 사랑이야말로 오늘날의 사랑이 말해주는 것일지도 모른다. 그러나 사랑이 '둘'의 모험이라는 사실을 부인하기는 힘들다. 그렇기에 사랑은 항상 가능한 진리이다. 익명의 연인들이 둘을 견지하고자 할 때, 그들은 이미 진리의 과정 안에 들어와 있는 것이다. 이처럼 사랑에 대한 바디우의 사유는 '둘'을 견지하는 것으로 결론지어질 수 있다. '둘'의 지속을 사유하는 것, 그것이야말로 바디우의 철학이 요구하는 사랑에 대한 성찰이리라.*

---

* 이 글을 쓴 서용순은 성균관대를 졸업한 뒤 프랑스에서 앙드레 토젤(André Tosel), 자크 비데(Jacques Bidet), 에티엔 발리바르(Etienne Balibar) 등에게 사사했고, 알랭 바디우의 지도로 박사 학위를 받았다. 2005년에 귀국하여 바디우의 진리철학을 소개하고 이를 바탕으로 한국 사회에 대한 정치철학적 접근을 시도하고 있다. 현재 한국외국어대 철학과 강사로 활동하고 있다. 「철학의 조건으로서의 정치」, 「바디우 철학에서의 공백의 문제」, 「5·18의 주체성과 후사건적 주체의 미래에 대한 소고」, 「'세계화된 세계'의 정치에 대한 소고」 등 다수의 논문을 발표했으며, 번역서로 바디우의 『철학을 위한 선언』(도서출판 길, 2010)이 있다.